增长危机

EDGE OF CHAOS

［美］丹比萨·莫约（Dambisa Moyo）著　王雨晴　译

中信出版集团｜北京

图书在版编目（CIP）数据

增长危机 /（美）丹比萨·莫约著；王雨晴译. --
北京：中信出版社，2019.7
书名原文：EDGE OF CHAOS
ISBN 978-7-5217-0628-4

Ⅰ.①增… Ⅱ.①丹…②王… Ⅲ.①经济增长－研究．Ⅳ.①F061.2

中国版本图书馆 CIP 数据核字（2019）第 097661 号

EDGE OF CHAOS
Copyright © 2018, Dambisa F. Moyo
Simplified Chinese translation copyright © 2019 by CITIC Press Corporation
ALL RIGHTS RESERVED
本书仅限中国大陆地区发行销售

增长危机

著　　者：[美]丹比萨·莫约
译　　者：王雨晴
出版发行：中信出版集团股份有限公司
　　　　　（北京市朝阳区惠新东街甲 4 号富盛大厦 2 座　邮编　100029）
承　印　者：三河市中晟雅豪印务有限公司

开　　本：880mm×1230mm　1/32　　印　张：9　　字　数：200 千字
版　　次：2019 年 7 月第 1 版　　　　印　次：2019 年 7 月第 1 次印刷
京权图字：01-2019-3299　　　　　　　广告经营许可证：京朝工商广字第 8087 号
书　　号：ISBN 978-7-5217-0628-4
定　　价：52.00 元

版权所有·侵权必究
如有印刷、装订问题，本公司负责调换。
服务热线：400-600-8099
投稿邮箱：author@citicpub.com

我们都知道该做什么，
但不知道一旦去做又要怎样赢得连任。

让－克洛德·容克

欧盟委员会主席

目 录

推荐序　全球化的危机与救赎·001

致　谢·007

序　言·011

1. 增长是当务之急·001
2. 增长简史·021
3. 增长的逆风·037
4. 误入保护主义"歧途"·077
5. 西方民主走到尽头了吗·103
6. 短视危机·125
7. 新民主蓝图·155
8. 21 世纪改革·191

附　录·209

注　释·213

参考文献·231

推荐序

全球化的危机与救赎

吴 晨

《经济学人·商论》总编

回溯一下，2008年全球金融危机是全球化与资本主义走势的分水岭。一路高歌猛进的全球化和蓬勃发展的资本主义遭遇重创，危机发源于美国，波及全球。金融危机引发了一系列问题：为什么鲜有经济学家准确地预测到危机的发生？经济学研究出了什么问题？为什么市场的放任和去监管会催生诸如"忍者"贷款（NINJA Loan，没有收入、没有工作，也没有抵押资产的人）这样高风险的市场行为？是什么让道德风险泛滥？为什么市场的激励导致银行家的短期行为，而忽视了市场逐渐累积的长期风险？制度设计出了什么问题？为什么一些金融机构变得"大而不倒"而不得不由政府兜底纾困，但是几乎没有银行家为危机肩负起个人责任？

莫约的《增长危机》，是金融危机10年之后为应对这一系列问题而尝试做出的回答。她直截了当地指出，我们面临的是全球化"降级"的危机，金融危机暴露出来的种种问题恰恰是晚期资本主义的症候，而民主作为一项政治制度在西方国家普遍面临危机，需要改良。

全球化的危机已经暴露无疑。英国脱欧公投之后的3年，政府几乎没有任何政策的建树，脱欧是否有序，甚至脱欧与否，都仍然是未知数，而整个社会却被这个"人造议题"割裂深重。特朗普则代表了民粹主义大张旗鼓的叫嚣，它裹挟了全球化输家的怨愤——这些输家有全球化过程中工作流失的美国"锈带"的蓝领工人，也有那些在全球金融危机中房屋被变卖的失房者，更涵盖过去20年薪资停滞的众多工薪阶层——却祭出了贸易"保守主义"的大旗，希望打破多边协商的贸易规则，挥舞美元结算和治外法权的"长臂"，重塑美国的"雄风"。

深入思考，进入21世纪全球化高歌猛进的时代，最大的失误的确是对贫富差距拉大的失察。全球化给大多数人带来了更好和更便宜的商品，也给中国和印度这样的大型新兴市场国家带来了快速发展的战略机遇，但忽略了财富分配的不均，忽略了资本在全球化盛宴中攫取的收益远远大于劳动阶层的事实。全球化也是以美国为主的跨国公司飞速发展的时代。现在，全球100大经济体中，有69个是跨国公司，31个是国家，"富可敌国"已成为现实。最近20年，欧美企业CEO（首席执行官）的薪酬如乘火箭般上升，加上股权和其他激励的金手套，标普

500公司CEO的平均薪酬已经超过企业全职员工平均薪酬的1 000倍，达到了骇人听闻的水平，而在20世纪70年代，这一薪酬差距平均只有35倍。

分配不公与贪婪，恰恰是晚期资本主义的症候之一，它背后是对弗里德曼提出的单纯对"股东利益最大化"的追求，因此，在金钱的驱动下，忽略了其他的利益相关方，也可能打击企业的长期价值。CEO丰厚的股权激励，鼓励了企业的短视，越来越多手握巨额现金的大集团选择通过股票回购来推高股价，毫不避讳地帮助管理层管理股价，代价是对公司未来投资的减少。管理层与普通员工日益拉大的薪资差距，连迪士尼公司创始人华特·迪士尼的孙女都看不下去了。她站出来指责迪士尼给CEO艾格的薪酬太高，她认为，如果把艾格每年6 000多万美元的薪酬平均分配，那足以给每位迪士尼乐园中拿着时薪15美元的员工涨薪15%，还能剩下1 000万美元让艾格继续做富有的CEO。

里根与撒切尔夫人推崇的"小政府"和"去监管"，在20世纪80年代的确为经济发展注入了竞争的活力，也避免了英美走入"高福利国家"的困境。但是30多年后的今天，新自由主义似乎走到了尽头。概言之，可谓"三宗罪"：重视短期利益而忽视长期利益（子孙后代的利益）；政府投资不足，尤其是对基础设施维护和新建的投资乏善可陈；寅吃卯粮，政府债务高企，却仍然愿意通过减税来刺激经济，而不努力增加盈余改善财政状况。

莫约的《增长危机》对以美国为代表的民主制度给予了深刻的批评。

一是金钱政治的流行。企业在政策游说上的花费水涨船高,华盛顿成为说客和律师的纸醉金迷的大都会,选举政治以金钱开道,导致政客非但不能制约"富可敌国"的企业财团的扩张,反而有可能进一步被套牢。特朗普打着民粹牌,宣称要清空华盛顿的"污水",而在施政中,他任命的许多官员是代表企业利益的"夹袋"人物,比如他任命的环保局长以前就是代表石油利益的说客。

二是选举政治日益缺乏竞争性。美国两党在议会选举中都特别热衷于划分选区,因为选区的划分可以把更多支持者划入一个选区,减少选举的竞争性。在最新的美国众议院选举中,甚至出现几十个议员席位没有人挑战的局面。不受挑战的长期议员因为缺乏选民的监督而更可能代表利益集团。

三是党同伐异,甚至不惜政府停摆。美国政府关门危机屡屡发生,频次越来越高,恰是美国政治失灵的最好代表。

莫约提出的一些改良方案有些太理想,甚至带有一些精英主义的倾向,但是,莫约的讨论和建议仍然从侧面告诉我们,仅仅喊一喊民主加市场经济的口号,并不一定能给新兴市场带来发展的动能。与任何制度一样,民主和市场经济的制度都需要设计、修改、更新。莫约发起的对于制度设计的讨论很重要,只有不断改良和创新,才能重新找到制度的生命力。比如,针对年轻世代选举参与比例低的问题,莫约提出应该强制投票,处罚那些大选时不投票的选民,让每个选民都珍惜政治参与的机会,让投票成为每个公民必须肩负的责任。这一点并不是什么奇谈怪说,因为澳大利亚和瑞士已经实施了选举强制投票。

回到中国,《增长危机》也为探讨中国发展模式提出了新的视角。如何确保我们能更好地规划中长期的经济发展,解决经济中积累的结构性问题?作为一个可调动巨大社会资源的大政府,如何能不断地提供满足人民日益增长的对公共产品的需求,不仅包括基础设施,还包括医疗、教育和养老等各种社会保障?回答这些问题都需要从制度、治理创新与市场经济的调整着眼。

《增长危机》里提出的一些数据值得深思。比如德国总理默克尔经常提"7、25、50"这三个数字,即欧洲人口占全球人口的7%,欧洲经济占全球经济的25%,但支出了全球福利的50%。这是一组惊人的数字,站在发达国家的视角,可以说政府背负了沉重的福利负担,也凸显了欧洲选民的短视,因为他们为了满足当下的福利要求而付出了透支未来发展投资的巨大代价。的确,普通老百姓对美好生活的向往,如果缺乏有效的平衡,就可能成为对政府公共服务的予取予求。但是,反向思考,经济的发展必然带来福利需求的增加,如果福利支出比率低于全球经济的占比,这样的短板迟早也得补上。

还有一个例子是美国基础设施的维护和新投资的缺口,计算下来大概需要2万亿美元。美国自从第二次世界大战后艾森豪威尔总统建设洲际公路的大手笔投资之后，在基础设施的维护和新投资上一直存在巨大的缺口，因此道路桥梁年久失修问题严重。相反，日本一直注重基础设施的投资，但是其中很多成为政客的分肥项目，使用率很低的"大白象"项目不少，基建对经济的整体拉动有限。

这给中国基建的未来提了个醒。经历了过去20年的快速建设之后，中国未来维护存量基础设施需要的投资将和美国的现在一样，巨大的投资就意味着未来巨大的维修成本。因此，好的计划不仅要研判未来基础设施使用的需求变化，还要至少把维修成本计入未来的投资。

致　谢

温斯顿·丘吉尔的话是多么贴切，"写一本书的过程就是一次奇遇。刚开始它像是一个玩具、一种消遣；随后它变成了你的情人、你的主宰，甚至变成了一个暴君；最后，你几乎心甘情愿被它奴役，这时你杀死了这个怪物，并暴尸于众"。

本书的写作过程大抵如此，但又不止于此。

我在牛津大学获得了经济学博士学位。但是，当我一直为经济问题（包括增长、不平等和发展）着迷时，我越来越清楚地认识到，政治，而非经济，将是未来几年促进人类进步与繁荣的关键动力。

受过西式教育或生活在西方的人（比如我），往往对那些一望而知的不够西方民主的国家有很多建议。然而，当谈到如何改善民主时，我们就不那么热情了——即使这一政治结构似乎面临挑战，改革需求也十分迫切。

在本书中，我试图探讨如何改善民主制度。虽然我的大部分青春时光都是在民主程度较差的州度过的，但成年之后，我却是在完善的民主制度中工作和生活的。这些生活经历给我提供了一个很好的机会，来观察、审视和反思不同制度的利弊。在这里，我只是提出一些观点供探讨。

与以前一样，我写出了一本我想读的书。当然，可能对许多政治学者和政治家来说，这其中会有一些瑕疵。

没有哪一本书是可以轻松写就的。如果没有大家的关心和支持，这本书很难面世。

怀利（Wylie）版权代理公司的团队——安德鲁·怀利、克里斯蒂娜·穆尔和詹姆斯·普伦一如既往地优秀。多年来，我还得到了一些优秀研究人员的大力支持，他们都对本书给予了肯定——罗恩·比斯拉、刘晨和金·谢克特曼，在此，我十分感谢他们的辛勤付出和劳动。

衷心感谢阿歇特出版集团（基础读物出版社）团队付出的巨大努力，是他们让我的梦想成真。

以智慧而勤勉的拉腊·海默特为首，布里安·迪斯特伯格、贝齐·德杰斯、考特尼·诺比莱、凯尔西·奥罗契克、阿利娅·马苏德、托马斯·凯莱赫、阿利·芬克尔、康妮·卡彭等人先后都在本书的写作、编辑和制作等关键节点提供了帮助。在英国，蒂姆·怀廷和小布朗出版社团队同样给予了巨大支持。对于他们，我心怀感激。

杰里米·亚当斯、布兰登·普罗亚和乔迪·扬对本书的出版贡献颇多。虽然他们的名字没有出现在封面上，但本书同时也是他们的成果。他们花了很多时间来帮我给书中的观点和结构把关。对于他们，我将永怀感激。同时也要申明，本书的所有不当之处都是我个人的谬误。

致　谢

　　克里斯季·布鲁萨是我的精神支柱，如果没有她，本书的方方面面，甚至是我的生活，都会纷乱不堪。她坚定而执着的奉献精神、一直保持高效节奏和恒久不变的温柔可亲，让我的人生追求更加充实和愉悦。我非常感激她。

　　另外，我也万分感谢我的家人——我的父亲史蒂文·莫约和我的母亲奥尔良·莫约，我的亲人姆多勒·史蒂文、利娅和硕，他们不畏艰辛、始终如一地给予我坚定的关爱、支持和鼓励。

　　在本书即将问世之际，我的妹妹玛莎·艾琳·赫里奎去世了，这给我的家人带来了沉重的打击。她在世的时候，一直是那么自由不羁、热情洋溢和坚毅。

　　谨以此书献给她。

序　言

近 30 年前，柏林墙倒塌。混乱不堪、动荡不已、整个苏联阵营的发展几乎停滞的时期结束了，新的政体不仅在解体后新独立的国家和东欧出现，而且在整个发展中国家开始涌现，人们希望新的体制带来经济繁荣与和平。分析人员和经济学家相信，苏联的解体预示了一个社会发展的新时代。然而，近 30 年后，所有的迹象都指向了一个新的世界，在这里，世界再一次陷入混沌边缘。自 2008 年金融危机以来，对战后"冷战"秩序的不满情绪高涨。

这场危机导致西方出现政见不合的氛围（这也是金融危机的源头），以及在此之后的挑战领导人和掌权阶层的民粹运动，从抗议美国不平等和腐败现象的"占领华尔街"运动到欧洲反紧缩游行和中东的动荡。

2010 年 12 月，一名可怜的突尼斯水果商贩穆罕默德·布瓦吉吉因抗议他的货物被无故征收，未来经济收入无望，从而引火自焚。几周内，布瓦吉吉的自焚行为迅速引发了"阿拉伯之春"的群众抗议浪潮，在人民要求推翻政权的口号下，抗议活动遍及中东和北非，包括突尼斯、巴林、埃及、约旦、利比亚、苏丹和也门等。今天，这些地区仿佛陷入了一种新 30 年战争。[1]

抗议活动也波及了南美、亚洲、东欧和南非等地，到2014年初，世界上几乎一半的经济体（150个中的65个）预计将处于"高"风险或"非常高"风险的社会动荡中，为过去10年有记录的风险率之最。[2]

与此同时，各地愤怒的市民（从布宜诺斯艾利斯到基辅，从曼谷到开普敦和瓦加杜古）迅速证实了这些预测。

300万人在伊斯坦布尔的塔克西姆广场和土耳其各地抗议，要求得到有关政治和经济前景的发言权；在曼谷，两年的抗议活动以军事政变告终；巴西一些城市爆发了大规模的示威活动，谴责这个每15人中就有1个穷人的国家在举办世界杯足球赛上花费了巨额钱财。[3]

这种日益高涨的政治焦虑浪潮并不仅局限于发展中国家，反对紧缩、移民、收入不平等和全球化的运动也笼罩着发达国家。

2014年11月，数十万人在布鲁塞尔大街上发生暴动，他们为反对欧盟批准的紧缩政策而纵火烧车。大约同一时间，反欧洲资本主义和战争运动组织的5万名示威者聚集在巴塞罗那，组织了反对全球化的示威活动。

2016年7月，柏林群众抗议德国对难民实施"门户开放"政策，难民人数在12个月内攀升至110万人。2016年9月，大约20万民众在德国、奥地利和瑞典参与集会，反对欧盟与美国之间的跨大西洋贸易与投资伙伴关系协定（TTIP）。

在美国，麦当劳和沃尔玛的职工反对低工资制度，民意调

序 言

查显示了大众对"收入不平等"现象的普遍关注,而此前主要是经济学家和学者对此话题感兴趣。[4]

在目前的工业化国家中,美国的收入不平等程度最高,一些人认为这是"对美国民主的威胁"。[5]与此同时,因导致失业和美国中产阶级"空心化",民众对全球化一直怀有反对情绪,而英国通过全民公投决定"脱欧",以及2016年唐纳德·特朗普当选美国总统,将这一反对情绪推向了高潮。值得注意的是,特朗普的当选,反映了一种对统治美国政坛数十年之久的根深蒂固的政治体系的叛离。

乍一看,全球的这些动荡似乎各不相同,然而,它们却被同一个线索串联了起来:普通公民对执政精英的无能和腐败表示愤怒。这是对政治决策受贸易和国际主义左右的谴责,而事实上,这些政策并没有像全球化支持者承诺的那样"水涨船高",反而损害了许多人的利益。这是对政府未能创造经济增长的指责。

不管政府做什么,似乎都注定了失败的结局。这一失败或许最令美国担忧——几乎整个20世纪,美国都雄踞世界经济霸主地位。不仅因为世界上大部分国家都依赖美国经济〔美国占全球GDP(国内生产总值)的比重大于其他国家〕,而且因为美国让其他国家看到了通向繁荣的路径,从而引发竞相效仿。[6]

从很多衡量生活水平的标准来看,这种失败是显而易见的:实际工资水平不断降低,贫困率不断上升,贫困数据日趋增大,就业数据也停滞不前。就收入而言，1979—2014年，美国前10%的人的工资上涨了1/3，工资中位数仅上涨了8%，而最底层10%的阶层的工资仅持平。现在，美国有2 000万人生活在极度贫困中，1/12的美国家庭还在挨饿。此外，根据美国人口普查局的数据，生活在贫困线以下的美国公民比例从2000年的11%上升到了2012年的约16%。[7] 从失业和就业不足两方面来看，失业情况在过去数十年全面恶化。举个例子，查尔斯·默里在2016年的报告中表示，"30多岁和40多岁的白人工薪阶层的劳动参与率从1968年的96%下降到了2015年的79%"。这意味着，从本质上来说，自20世纪60年代以来，处于最佳就业年龄的男性中，有1/6没有工作。[8] 1970年，制造业为美国约1/3的劳动力提供了就业；而在2010年，这一份额下降到仅为1/10。[9] 欧盟也没有幸免于类似的就业颓势，西班牙和希腊的青年失业率都超过了40%，意大利的这一数字达到了37%，法国也有近1/4的青年失业。[10]

更糟糕的是，不仅美国的生活水平在下降，而且随着时间的推移，实现社会阶层流动和摆脱赤贫的可能性也在下降。在过去的30年里，一个出生在美国收入分配底层25%的人通过努力晋升到前25%的可能性已经减半。同时，根据美国皮尤研究中心的数据，"2015年，中产阶级在美国成年人口中占比50%，比1971年的61%有所下降"。[11]

此外，美国家庭一直生活在一个不稳定的金融环境下，因此规划或投资一个繁荣的未来变得很困难。据美联储的数据，美国人现在欠下了 1 万亿美元的信用卡债务，这是自 2008 年金融危机以来的最高水平，他们在学生贷款和汽车贷款方面也有大致等额的负债。据美联储的一份报告，47% 的受访者表示，他们无法通过存款或信用卡来支付额外的 400 美元费用，只能通过卖掉已有的东西或者借款来支付这笔费用。另外，2013—2014 年预期寿命（经济成功和社会成功的"晴雨表"）在所有人群中都是保持不变的，而根据 2016 年的报告，白人中这一数据甚至下降了。[12]

这些因素综合在一起，削弱了社会凝聚力（自杀率、吸毒、离婚率和暴力在美国中产阶级中都有所上升），最终造成对中产阶级的侵蚀。而反叛美国和其他国家政治体系的中坚力量正是不满的中产阶级。

在这种背景下，愤怒的选民对这一体系进行反抗也就不足为奇了。在英国公投中，1 700 万选民选择让英国离开欧盟，结束其 40 年欧盟成员国的历史。另外，特朗普竞选的结果也无疑是明确的：不仅他个人赢得了总统的职务，而且共和党人在参议院和众议院中都占了更多的席位，赢得了更多的州长竞选——这是对民主党现状的强力谴责。在这一点上，他们一直强调，虽然特朗普在选举中获得了胜利，但希拉里·克林顿在民众投票中赢得了近 300 万选票。然而，这些宏观数据却掩盖了美国"锈带"和南部的政治不满情绪的真相。毕竟，如果不将更富裕的纽约和加利福尼亚州的选票统计进去，那么赢得近300万民众选票的就是特朗普了。

不管是在富裕国家还是在贫穷国家，人们都希望寻求改变。他们亟须能够切实改善生活的政策，如更好的教育、更完善的医疗保健和更多的就业机会。许多迹象表明，政策制定者无法再提供强劲和可持续的增长——至少在当前的政治和经济思路下无法提供。

实现增长是满足人类需求和改善生活的必要条件。经济层面上，增长可以减少贫穷和提高生活水平；政治层面上，增长是自由市场、自由人民和法治的必要条件；个人层面上，增长可以让人们最大限度地发挥潜能。

但是现在，全球经济的增长都分布不均且后继乏力。世界上最大、最具战略意义的新兴国家——包括阿根廷、巴西、哥伦比亚、印度、印度尼西亚、墨西哥、南非和土耳其——的增长速度每年仅为3%，甚至更低。这远远低于两代人之间人均收入翻番、结束贫困历史所需的最低增长速度7%。尽管有证据表明，欧洲在2017年初从经济衰退中复苏，但受到高失业率和政治不确定的结构性挑战的影响，增长预测仍然停滞在1%左右。日本经济经历了持续25年的低迷，并且前景渺茫。而在美国，尽管最近的GDP和就业都有所增长，金融市场对特朗普当选的初步反应也很积极，但基础设施和教育的持续疲软还是抑制了长期增长。最令人担忧的是，在2008年金融危机过去后的5年里，国际货币基金组织一直在降低其全球增长预测，甚至在2014年提出警告，世界经济可能永远无法恢复到2008年以前的增长速度。这一经济衰退的证据表明，全球经济面临着极端的长期结构性障碍和困境，发展严重受限。

驱动增长的三大动力——资本、劳动力和生产力——在前所未有的逆风阻遏之下都有所萎缩。现在，新兴经济体面临着大规模的人口流动，产生了大量年轻、没有一技之长且怀有不满情绪的就业者。而在发达国家，人口老龄化给养老和医疗体系造成了沉重负担。收入不平等扩大、社会流动性减小、商品短缺以及技术进步导致更多的人失业，都使全球增长进一步受到抑制。这些问题不解决，将会导致经济萧条——这将是现有政策"无能为力"的一场灾难，正如经济学家劳伦斯·萨默斯和保罗·克鲁格曼说的那样。[13]

美国经济将努力克服这些不利因素，其他经济体也会更加努力，尤其是那些依赖美国进行贸易和直接对外投资的国家，以及以美国为公共货物的最大买家和国际航道受美国管控的国家。此外，美国以大约22%的预算成为北大西洋公约组织（简称北约）的最大出资国，这一组织有29个成员，彼此承诺在发生外部攻击时相互防卫。[14]

面对这些经济阻力，自由民主的资本主义正在退却。柏林墙倒塌后，这种以普选、民权、个人自由以及个体掌控资本和劳动为特征的西方政治和经济模式，似乎开始占据优势。但现在，其他模式异军突起，资本主义模式下的增长面临着巨大的挑战。与此同时，资本主义已经变得软弱、腐败，并且对自身的问题视而不见。

当面对这些挑战时，资本主义国家的领导人被自己国家政治制度的僵硬拖累。为保住自己的政治地位和既得利益，政策制定者需要满足选民的需求，因而他们倾向于支持短期政策反应。他们只专注于今天可以获得的收益，而忽视了明天将承担的成本和后果。制定政策的短期主义使政治家接受了短视的政策。

例如，贸易保护主义正在兴起。根据全球贸易预警的数据，G20（二十国集团）在2015年对其他国家实施了644项歧视性贸易措施。根据国际清算银行的数据，2014—2016年，国际贷款减少了9%。由于对银行的资本控制加强，跨境资本流动有所减少。即使在传统的资本主义社会中，国家对经济的干预也在增加。这在福利国家的增长、公共部门的扩大以及政府作为雇主和资本分配者的崛起中明显可见。从长远来看，这种政策可能会因资源匮乏而加剧军事和经济冲突——从而迫使政治家做出更糟糕的决定，形成恶性循环。[15]更重要的是，这样的政策只会使全球经济增长更低。

我们现在关键的挑战是要创造稳定而持续的经济增长，继续切实改善人民的生活。在美国、欧元区（使用欧元的国家）和其他工业化经济体中都是如此，它们债台高筑、人口结构面临挑战、生产力停滞不前，因此摇摇欲坠。发展中国家同样如此。世界上 82.5% 的人口生活在发展中国家，而其中 70% 的人平均年龄不到 25 岁。空前的经济扩张在一些地方已经放缓，而在其他地区也已经结束，并且，在世界各地这种增长都无法再恢复。[16]

本书认为，如果不实施实质性的改革，那么西方经济根本无法实现增长。如果没有做出根本性的改变，国家将难以克服当今全球经济面临的诸多阻力。事实上，决策者的短视导致资本和劳动力等稀缺资源的分配不当，以及政客和商人缺乏富有远见的投资决策。归根结底，大量的经济挑战是民主政治进程中一个具有风险性的问题。

本书提出了几项针对西方民主的深远改革，旨在消除短视，克服全球经济的逆风，刺激经济增长。这些建议将改变选举的方式，也将改变评判政治家的方法，并确保选民和政治家都能把眼光放长远。为达到这个目标，建议包括延长政府任期，以更好地应对长期的经济挑战，对政治家和选民都施用最低标准等。

近乎停滞的增长、根深蒂固的贫困、高失业率、疲软的全球化和地缘政治动荡已成为新的常态。政策制定者、政治家和普通民众对资本主义长期实现增长和减少贫困的能力持怀疑态度。由李光耀主持的新加坡，以及由奥古斯托·皮诺切特上将带领的智利，都使千百万人民摆脱了贫困，取得了令人瞩目的进步。近几十年来，这些国家的经济成就似乎表明，西方民主并非经济增长的先决条件。

本书认为，西方的人均收入仍保持继续上升的态势，尽管上升速度缓慢。同时，经济增长的问题并不限于市场资本主义，腐败等现实问题也会影响其他竞争体系。新生的民主政体不应脱离自由民主，而应优先创造增长，放弃一些其他民主的完美特性。而成熟的民主政体则要通过积极的宪政改革来整饬国事。

最重要的是，政策制定者必须正视一个事实：现在已经是21世纪了。在这个全球互联的世界，增长乏力也会传染，其他国家的危机也将成为我们的危机，无论是恐怖主义、收入不平等、难民、传染性疾病，还是非法移民等，这些危机会让政府越来越支离破碎、软弱无力，进而威胁本已十分脆弱的国际社会。对美国和全世界的政策制定者来说，保护主义和孤立主义是没有出路和前景的。历史证据表明，保护主义将伴随美国及其他地方更高的失业率、更低迷的经济表现，以及生活水平停滞不前等问题。美国经济的衰退和孤立主义政策使"美式和平"（即美国主导和监督下的国际和平与安全）遭受质疑，世界因而充斥着一些不可预知的理念和价值观。而这些并不是世界需要的解决办法。

在21世纪要创造可持续的经济增长，要积极地对民主资本主义进行改革。这需要它对自身现有的经济和政治问题有一个明确的认识，然后才能采取措施进行调整，以得到更好的结果。对我们来说，保持现状涉及很多利害关系。世界各地保护主义和民族主义的抬头预示着全球经济和社会已经遭受到侵蚀。唯一的解决办法是，对民主资本主义取其精华，去其糟粕。不能固守过去的做法和旧的意识形态。

无为而治也是别无选择。

1
增长是当务之急

1994年4月，在阳光灿烂的日子里，数百万的南非人民排起绵延数英里的长队，参加这个国家历史上第一次真正意义上的民主选举。孩子们在印有纳尔逊·曼德拉肖像的广告牌顶部尽情欢呼，广告牌上还有他那著名的呼吁："为了工作、和平和自由而投票选举。"

　　今天，种族隔离结束20多年以后，南非发生了深刻的变化。所有公民，不论种族，都拥有投票权，从而有权决定这个国家的未来。但南非的生活水平仍然很低。失业率仍然在1994年的20%左右波动，将近一半的人口还生活在贫困线以下。南非人口的平均预期寿命从62岁下降到57.4岁，主要原因是南非地区可能拥有全世界最高的艾滋病毒和艾滋病发生率。同时，南非的收入差距也在扩大。根据衡量收入公平程度的基尼系数，0代表完全平等，100则代表完全的不平等，南非的这一数值达到了 63.38，证明这个国家贫富之间差距巨大。（相比之下，巴西和哥伦比亚的基尼系数都在 53 左右，美国和中国分别为 41 和 42，而挪威和丹麦都是 27。）在第一次民主选举后的 20 年里，南非是世界上最不平等的国家。[1] 一系列的政策工具固然可以逐步解决南非的弊病，但有一种力量无疑会改善大部分问题：经济增长。[2]

经济增长下降导致了生活水平的下降。年增长率为 5% 的国家实现 GDP 翻番只需要 14 年，而年增长率为 3% 的国家则需要 24 年。总体而言，与那些基本生活标准程度很高的发达经济体相比，资产基础较弱的新兴经济体需要更快地增长、更快地积累资产存量。切实增加人均收入是提高人民生活水平并使其摆脱贫困的重要途径，从而真正改变该国的发展轨迹。自从种族隔离过渡期以来，南非仅有四次成功地将经济增长率推高到超过 3%，并且自 2008 年以来，其增长率几乎一直停滞在 5% 以下。预计南非未来几年的经济增长率将徘徊在 1% 左右。由于南非人口自 2008 年以来每年仅增长约 1.5%，因而该国的人均收入在这一时期一直停滞不前。

南非这种增长缓慢的情况在发展中国家非常普遍。即使是这些经济体中规模最大、战略意义最重要的国家（按人口规模和经济影响衡量），每年的增长率也仅为 2%～3%。[3] 在本书写作期间，巴西、俄罗斯、印度和中国（合称"金砖四国"）的增长预测还远远低于"神奇的"数字 7%。预计巴西和俄罗斯的经济将陷入困境并可能收缩，一些预测指出这两个国家将会有负面的经济增长。

增长缓慢的病毒已经在各国之间蔓延，甚至波及了世界上最富有的经济体。例如，1970—1990年经济合作与发展组织（简称经合组织）成员国的经济平均增长率持续在每年约3.4%，而今天因为欧元区正从2012年的小规模衰退中逐渐复苏，所以这一数据约为2%。此外，2017年第一季度，法国和意大利等较发达经济体的经济年增长率约为1%。

经济学家和分析人士断言，美国可能已经回到了经济稳定增长的正轨上，比如2010年以来其GDP已达到1.5%~2.5%的增速。而金融危机以后美国的GDP增长从未超过2.5%，最近一次超过5%还是在1984年。

即便如此，这一有限的经济增长带来的红利在人口中还是分布不均的。从劳动者学历偏低到基础设施极不完善，数十年来这些变数给美国的前景蒙上了阴影，至今仍未得到解决，并将在未来几年继续拖累经济增长。

本章揭示了为什么许多发展中和发达经济体的增长预测都如此惨淡。它解释了为什么经济增长对生活水平和人类进步如此重要，以及为什么永久性的经济增长低迷可能会转化为永久性的较低的生活水平。

如果不明确经济增长的衡量办法，也就无从理解它的重要性。因此这一章解释了什么是GDP和GDP的缺点是什么，以及为什么GDP仍然是经济学家、政治家和政策制定者衡量国家经济增长、制定新的公共政策、设立比较和改进基准的最佳工具。

经济增长对老百姓来说至关重要。当经济增长减弱时，每个人都会受连累。停滞加剧了社会、健康、环境和政治问题。若是不能实现增长，那么文化、社会团体和每个人对自己能够拥有的生活方式的期望都会变得黯淡。

实现经济增长是为了满足人类最基本的个人需求。在微观层面上，个人对金钱进行积累是毫无意义的，除非一个人利用它来改善自己的地位或改善整个社会。同样地，宏观层面的经济增长应转化为粮食、住房、安全和医疗等基本需求的满足及其质量的提高。这两个层面中，任何一个层面的停滞都意味着个人和社会需求没有得到满足，而这往往会带来可怕的后果。

日益恶化的经济增长、持续下降的生活水平，以及日益加剧的贫困和不稳定之间的联系已得到充分确立。历史上一个典型的例子是1789年的法国大革命，当时法国的生活条件不断恶化，税率上涨、食物短缺长达十年之久，进而引起暴乱，最终触发了法国大革命。发展停滞和随后的经济危机最终导致了一场政治革命。

近年来，希腊经历了一种类似的模式。2008—2016年，希腊经济在GDP方面锐减45%，导致了贫困的加剧。失业、减薪、工人补偿和社会福利的减少，致使希腊的家庭平均比过去贫穷

40%。截至2014年，家庭可支配收入已降至2003年的水平以下。2010年希腊爆发了重大骚乱，超过10万民众在雅典游行，最终导致激进左翼联盟党赢得2015年大选，主导一个新的极"左"政府。

经济增长主要以三种方式提高个人和社会的生活水平。

第一，最直接的是，经济增长使个人有机会改善自己的生活。举个例子，一个人赚取了奖金或者额外收入，他可以利用这笔钱获得更好的医疗保健、教育、交通和食物。得益于收入的增长，他能够获得提高生活质量的商品和服务。反之，如果一个人丢了工作或收入减少，他就要被迫削减医疗、食品和教育开支。经济增长会以这种简单的方式影响一个人的生活，使生活变得更好或更差。

第二，收入的增长可以让个人对更大的群体产生影响。他可以雇用别人或者投资。通过日常消费，个人有机会支持其他企业和个人，帮助其他人提高生活水平。通过投资或者借出资本，他可以让其他人增加收入、改善生活、造福社会。许多中小型企业特别依赖这种类型的个人投资。经合组织90%以上的企业是中小型企业，雇员少于250人（就业率为60%~70%）。在发达国家，一个国家整体经济增长的很大一部分来自这样的公司，个人投资可以影响经济。[4]

反之，更大的群体若是没有增长，那对个人也有深远的影响。经济萎缩会助长政治和社会动荡，并破坏社会凝聚力。美国印第安纳州的加里市就象征着这种工业的衰落。加里曾经是一座繁荣的钢铁城，人口从 20 世纪 60 年代的 18 万下降到目前不足 8 万。这座城市的钢铁厂在 2015 年雇用了 5 000 人，仅是 40 年前在那里工作的 3 万人的一小部分。[5] 加里的贫困率为 38%，犯罪率高，教育程度较差。城市整体经济增长乏力，对个人生活质量产生了重大的负面影响。

收入增长与人类进步之间的关系（或者反过来说是增长衰退与生活水平降低之间的关系）是用乘数效应来解释的。个人赚取的额外收入将以其原始价值的数倍在整个经济中传播。这一理论最初是由英国经济学家约翰·梅纳德·凯恩斯提出的，以表明政府支出的增加将导致人口收入的增加。然而，新资本的原始来源并不需要一定是政府。

假设一名工人在出色地完成一年的工作后获得了 2 000 美元的奖金，并且他一次性花完了这笔钱。当他这样做的时候，很有可能在他改善自家生活的同时，他花出去的 2 000 美元也成了同城别的商人的收入，而后者又继续在别处消费。这样一来，这名工人的 2 000 美元可以迅速变成 3 000 美元或 4 000 美元等。实质上，2 000 美元不仅能完成一笔交易（最初支付给总承包者），而且能实现许多后续交易，因此钱就不是被保存起来，而是花了出去。

第三，这是一种更为复杂的方式，即经济增长可以通过保持透明的政治结构来提高生活质量（或者说经济衰退不利于政治结构的透明）。个人权利和自由只有在社会能够对政府进行问责的情况下才能存在。增长能够使社会保持运转并确保问责制，但在没有增长的情况下，社会就不稳定。这样，经济不景气就为政治动荡创造了条件，极端情况下甚至可以引发自由民主体制的崩溃。

20世纪二三十年代的德国就是一个典型的例子。当时的德国面临着第一次世界大战后的巨额赔款、高水平的负债、恶性通货膨胀、激增的失业率，以及1929年世界经济大危机的满目疮痍。随后的经济崩溃直接造成了纳粹极端主义的崛起。2008年金融危机之后，西班牙经济面临着大约6%的增长萎缩，而2013年之前失业率飙升至26%。在此背景下，由于加泰罗尼亚要求独立，西班牙的解体势头越来越猛。金融危机结束以来，加泰罗尼亚分裂的呼声持续高涨，加泰罗尼亚人的不满情绪加剧，他们担心会被迫向西班牙国库交更多的钱。2014年加泰罗尼亚地区政府举行的非官方民意调查显示，80%的选民支持加泰罗尼亚独立。西班牙失去加泰罗尼亚的代价将是高昂的，因为该地区为西班牙的GDP贡献了19%，其高科技出口占西班牙的45%，并且是西班牙70%出口的门户。加泰罗尼亚的脱离将会给西班牙政府收入、就业机会和更大范围的经济未来格局带来重创。

当经济增长强劲的时候，会形成一个经济机遇增多、经济向上流动、生活水平提高的良性循环。而如果经济缺乏增长，社会发展就会倒退、萎缩,这不仅直观地体现在经济指数上,而且实实在在地影响着人们的生活。虽然仅靠增长并不能终结流行病、解决环境和气候问题、改善教育,或者减轻激进恐怖主义的威胁,但是没有增长,解决这些问题会变得更加困难。

经济增长是如何帮助解决这些看似棘手的问题的?

首先,它使政府能够资助和加强公共事业——教育、医疗保健、国家安全和实体基础设施。在经济增长不断上升的条件下,政府(以及部分企业,通过增加销售和收入的方式)获得边际资金,可以为上述公共事业安排专项拨款。而在没有经济增长的情况下,各国政府只能被迫减少某一领域的投入,以便为其他领域提供资金。

其次,巨大的经济成功是私人投资和创新的先兆,而后者正是改善生活水平和获得发展的跳板。经济增长推动了美国在20世纪的生活水平。居民收入上涨了30倍,成千上万的美国人得以脱离贫困。同样地,中国也实现了奇迹般的经济增长,30多年来一直保持着较高的增长率,3亿多中国人因此摆脱了贫困。

如果没有经济增长,国库就会减少税收,无法投资公共事业,进而无法满足民众的基本需求。基本上,未能实现经济增长几乎都是生活条件恶化和骚乱的前兆。在经济崩溃时期——2008年的金融危机就是一个典型的例子——人类进步的所有方式和标志,包括实际工资、就业机会、预期寿命和社会流动性都会受到影响。经济上的失败不仅会降低生活水平，还会催生人民的不满情绪，导致赤贫人口增多。经济萎缩会助长焦虑，而强劲的经济增长则可以抚平激进主义和叛乱。

当然，经济增长能做的也是有限度的。不可否认，某些现象和问题无法用经济增长来解决。即使经济增长极大地削弱了极端主义运动的可能，也还是有偏执的人对任何经济成就都充耳不闻。比如，恐怖主义就是仅靠经济增长还无法解决的一个问题。经济进步可以抑制它，但不能彻底根除它。同样，仅靠经济增长也不能消除收入不平等。毕竟，有些国家的收入不平等问题甚至是随着经济增长而恶化的。经济增长本身甚至可能成为一个问题，管理不善导致的经济激增可能会带来债务和通货膨胀。经济增长本身并不是"万能药"，但如果没有它，可持续的社会进步将成为空谈。

显然，经济增长对一个国家的生存、建设成就和稳定至关重要。经济学自创立以来，就面临着严峻的挑战，即要找出增长的关键要素，拨开个人和企业复杂行为的迷雾，以确定这些因素如何实现真正的、持续的增长。在研究经济增长的衡量办法之前，有必要了解一下增长的引擎。为此，我们应该研究是什么驱动了增长，以及思考如何衡量最佳增长。

从经济学的角度来看，增长是关于三大关键要素的函数：资本（一个经济体除去赤字和债务之后的投资金额），劳动（在质量和数量方面均可量化），全要素生产率（除资本和劳动以外影响经济增长的其他要素的总称，包括创新、技术、政治制度、法律和法规等）。

生产率被认为占一个国家经济增长驱动力的 50% 以上，往往被用来解释为什么某个国家的经济有所增长，而另一个国家却没有。透明可靠的法律、明确的产权和技术进步都有助于提高生产率，从而促进经济增长。[6] 而拖累生产率的因素，如债务和人口状况，则会限制经济增长。2008 年金融危机之后，许多发达国家承受着越来越多的债务和赤字重压。人口结构的变化也让人备感压力，表现为适龄工作、经济活动人口减少，以及老龄化、非经济活动人口增加。随后的章节将更详细地分析这些因素，但现在看来这些杠杆抑制了经济的增长。

评估经济的真正概况是很复杂的，而债务的存在则会使情况复杂化。一个看似富有的、拥有一栋大房子和一辆新车的邻居，很可能负债累累，还不能进行破产清算，他当然也可能无债一身轻，但这两种情况都并非肉眼可以判断的。在宏观经济层面，债务同样使增长图景复杂化。债务还可能对经济增长产生负面影响。

可以肯定的是，高水平增长的数据是在误导人。在过去的 30 年中，美国（和其他地方）的总增长数字增加了，这表明生活水平在提高。然而，这些增长收益更多的是被资本持有者获得，而不是那些依靠劳动力赚取收入的普通老百姓。这一差距可以从实际工资表现与资本的创纪录回报率的对比中看出。

1970—2017 年，道琼斯指数上涨了 4.5 倍以上的价值，标准普尔 500 指数的年均实际回报率约为 8.7%。而实际工资表现在同一时期仅是持平的。此外，美国人发现自己背上了更多的债务，积累了沉重的房贷、车贷、助学贷款等，而这些进一步降低了他们的生活水平。2016 年的美国大选地图就体现了资本持有者的收益与劳动力提供者的损失之间的分歧。这绝非巧合。美国资金池最庞大的两个州（拥有华尔街、好莱坞和硅谷的纽约和加州）的选民主张维持现状，而美国工业中心地带的选民则压倒性地赞成变革。

评估国民经济或全球经济的增长是很复杂的事情。在追溯增长引擎和最常见的壁垒之前，我们必须先了解经济学家是如何计算国家财富的。

1085 年，当时在位的英国君主征服者威廉一世下令汇编《末日审判书》（Doomesday Book，其正式名称为《土地赋税调查书》），来估算他的领土的价值。这是衡量一个国家经济地位的最早尝试之一。威廉一世的测量人员计算出英格兰土地的总价值约为 7.3 万英镑。在这项艰巨的任务中，调查主要依赖于主观判断。调查的大部分工作都是计算农村房地产的价值，这是当时国家财富的主要来源。统计数据还包括耕地、犁队数量、河流草场、林地、水磨和渔场。当时的评论员惊叹于调查的全面性，他们指出"没有哪一个隐蔽处、没有哪一寸土地，也没有……哪一头牛或一头猪被遗漏、没有被记录下来"。

虽然《末日审判书》不是计算国家财富的最后一次尝试，但它已经成为近千年来估算经济数据的黄金标准。17世纪60年代，英国经济学家、哲学家威廉·配第制表统计显示了英国的国家收入和财富。他的计算包括土地、船只、个人财产和住房，同时也涵盖了股票（即现有财产的价值）和流量增量（即随着时间的推移，这些价值的增长）。配第最终评估英国当时的总财富大约为6.67亿英镑。但他的评估和《末日审判书》都没有提到的一种方法，是以国际的视角来对比国家之间的财富。直到20世纪，才出现一种更加统一、全世界认可的方法来比较国家之间的经济排名。

最终，经济大萧条让我们明白，这种比较是多么不可或缺。由于缺乏可对比的经济数据，决策者很难通过制定政策来引导美国走出危机。这一问题最终被俄裔美国经济学家、诺贝尔经济学奖得主西蒙·库兹涅茨解决了，他在20世纪30年代初提出了国民收入与产品账户的概念。库兹涅茨对14个欧洲国家、美国和日本60多年的经济增长统计指标进行了整理和分析，这为国家财富的跨国比较提供了依据。库兹涅茨的报告《1929—1932年国民收入》在1934年第一次提交给参议院，他在第二次世界大战期间和之后进一步开展研究，最终奠定了计算GDP的基础——GDP通常被定义为一个国家在一定时期内生产的全部最终产品和服务价值的总和。它是个人消费与投资、政府支出和净出口的总和,净出口值即国家出口商品与进口商品的价值之差。对这些变量使用一致的衡量标准使经济学家能够对世界各国的经济进行比较。鉴于 GDP 衡量的是一年内创造的收入的价值,而《末日审判书》则是记录了资产存货的总价值,或者说当时英国的总财富。对今天的政策制定者来说,GDP 仍然是衡量经济表现的最佳标准,让人们能够评估一个国家经济的状况和发展,并由此得知人民的生活水平。[7]

然而,也有针对 GDP 统治地位的批评的声音,认为它未能捕捉到经济结构的变化,如向服务导向型或科技导向型经济的转变。一些人抗议说,它没有覆盖到非官方市场或黑色市场的经济。另一些人则断言,纯粹的经济指标本身可能不足以真正衡量社会的进步。因此,在过去的几十年里,经济学家、社会学家和其他学者为追踪幸福、福利水平和社会进步制定了其他指标,这一点也不足为奇,其中一些指标已经取得了后续实质性的发展。

这些指标隐含着对 GDP 作为人类进步主要衡量标准的挑战。尽管这些衡量方法有时也依赖 GDP 或者 GDP 的某些变种,而且它们自身会受到种种限制,即便如此,由于经济概念上 GDP 的增长可以诠释为社会的进步,GDP 仍然是衡量经济和社会进步的有力工具。然而,政策制定者对以上替代标准仍然很感兴趣,即使它们没能取代 GDP 作为最显著的经济增长衡量标准,但在未来的经济和生活水平评估中,它们作为 GDP 的补充也是有价值的。此外,这些经建议而提出的补充手段也提醒我们,公共政策的最终目的是谋求进步和改善生活水平,而不是为了GDP数字的增长而增长。不过,GDP的数据排名往往代表了实际的生活水平,那些总是排在GDP指标前列的国家更富裕,而那些排在底部的国家则往往更穷。

例如,幸福指数反映了幸福是政府制定政策需要考虑的重要标准。《世界幸福报告》首次发表于2012年,它通过将人均GDP与社会支持、预期寿命、自由度、社会奉献和廉洁程度等指标挂钩来衡量幸福。在2017年《世界幸福报告》收录的155个国家中,10个最幸福的国家依次为挪威、丹麦、冰岛、瑞士、芬兰、荷兰、加拿大、新西兰、澳大利亚和瑞典。而最不幸福的10个国家则依次是中非共和国、布隆迪、坦桑尼亚、叙利亚、卢旺达、多哥、几内亚、利比里亚、南苏丹和也门。美国虽然是GDP最高的国家,但它在2017年的幸福指数排名中只位列第14名。[8]

除GDP以外,一种更传统的衡量标准是联合国的人类发展指数(HDI)。HDI首次发表于1990年,在"人民及其能力应该是评估国家发展的最终标准,经济增长不是唯一指标"[9]的前提下,HDI评估的是每个国家人口的寿命、教育水平和收入状况。HDI揭示了两个国民总收入(GNI)水平相当的国家,实际情况却可能非常不同。GNI即GDP加上本国公民在国外创造的国外生产总值再减去外国人在本国创造的国内生产总值。通过这一指标，观察者可以比较不同政策选择和资本投资的相对有效性。在这一指数的排名中，挪威、澳大利亚和瑞士位居榜首，这些国家的 GNI 都超过了 4 万美元。而中非共和国、尼日尔和乍得则排名较低，它们的人均 GNI 均不到 2 000 美元。

在这些衡量标准中，有一些标准超出了个人的维度，试图对社会状况有一个全面的评估。美国非营利组织"社会进步势在必行"（Social Progress Imperative）自 2012 年成立以来，提出了"社会进步指数"，考察 GDP 之外的一系列社会和环境指标，从电力供应到宗教容忍，它从人类基本需求、福利基础和个人发展这三个不同的方面来衡量社会进步。

2017 年的全球社会进步指数涵盖 133 个国家，以及世界人口的 94%。全世界所有国家的社会进步平均得分为 64.85。平均而言，14 个国家所在的最高组别被划分为"高度社会进步"，包括丹麦、芬兰、冰岛、挪威和瑞士等国，它们在人类基本需求、福利基础和个人发展方面的平均得分分别为 94.92、89.68 和 84.04。而被列为"非常低程度社会进步"的 7 个国家包括中非共和国、阿富汗、乍得、安哥拉、尼日尔、几内亚和也门。对于这个组别，它们在人类基本需求、福利基础和个人发展上的平均分则分别为 42.67、45.42 和 27.74。[10]

列格坦研究机构的全球繁荣指数是全球唯一结合客观与主观数据来衡量财富和幸福的繁荣度指标。各国按照它们在经济素质、商业环境、政府治理、教育、医疗、安全与安保、个人自由和自然环境方面的表现来进行排名,这八项细分指标所占的权重相同。在2016年的排名中,新西兰、挪威、芬兰位列前三,也门、阿富汗、中非共和国垫底。

我们能从这些不同的指标中发现什么呢?虽然像医疗、福利和生活质量这类非经济因素对人类至关重要,但是经济指标(如GDP)一般与其他领域的成功相关,在那些榜单前列的国家中,这些领域的数据相差无几。简而言之,经济增长是其他方面的支柱,一个国家需要通过经济增长来实现幸福、安乐和最终的人类进步。

可以肯定的是,GDP的评估让我们得以窥见某一单一时间点GDP的情况,但也仅此而已。高GDP可以说明一个国家很富有,但也可能掩盖了它的经济正艰难前行、增长缓慢的事实。例如,2015年法国GDP为24 000亿美元,足以证明该国已经跻身世界富国之列,但其经济已经从2008年的29 000亿美元有所下滑,在金融危机之后,法国经济的增长就几乎停滞了(2016年的GDP增长仅为0.8%)。并且在同一时期,该国的人均收入下降了20%。

相比之下,一个拥有低GDP的非常贫穷的国家,却可以为每年10%的增速而欢欣鼓舞,虽然它的整体经济依然很差。情况往往如此,一些GDP增速很高的贫穷国家,都是从一个很低的GDP基础开始发展的。比如,科特迪瓦在2015年的GDP增长达到了8.4%,但仍然是世界上最贫穷的国家之一,人均GDP

仅为 1 398.69 美元。GDP 的另一个限制是，它无法捕捉非货币性的经济增长。如果技术创新都到位，一个国家的生活水平肯定会提高，比如，生产一天量的粮食只需要花费更少的工作时间。

《经济学人》创立的"巨无霸指数"就试图捕捉到这一点。它提出了一个轻松有趣的评估办法，即计算工作多少分钟能够买得起一个麦当劳的巨无霸汉堡。在哥本哈根，工人只需工作20 分钟就能买得起汉堡。而在墨西哥城，则需要工作 280 分钟，因此它成为这一指数参评国家中劳动强度最高的国家。该衡量标准可以快速捕捉到政策变动带来的影响。在英国，新的最低工资法于 2016 年 4 月生效，结果购买一个巨无霸汉堡所需要的工作时间从 26 分钟缩短到了 18 分钟。[11]

除了这些限制之外，GDP 和人均 GDP 都容易被诟病"不精确"。GDP 度量也没能体现出收入或财富的分配效应，因而掩盖了不平等现象。从本质上讲，它们没能在 GDP 上升时说明谁是赢家，反过来也没有在 GDP 下降时反映出输家是谁。

大多数人都是在切身感受到了增长时，才意识到实现了增长。罗纳德·里根的问题可能最简单地体现了个人对经济增长的感知："不妨问问自己，你今天的生活比 4 年前更好吗？"然而，金钱已经成为衡量个人、政府和社会整体的准绳。

一个经济体创造的金钱数量——其 GDP——已成为衡量该年生产的商品和服务总值的最具启发意义、最密切相关的标准。尽管 GDP 有局限性，但目前还没有一种比 GDP 更好的现代方法来统计一个国家的经济发展，并将其与其他国家进行比较。这就是政策制定者继续依赖它的原因。此外，由于衡量社会进步的新标准尚未取得进展，GDP 仍然处于统治地位。然而，GDP 终究是一个抽象的概念，但增长不是。

增长——最直观地表现为生活水平的提高——对一个社会的稳定和成功至关重要。在明白了经济增长为何如此重要，以及怎样最好地评估它之后，我们必须应对那些阻碍增长从而对人类进步提出挑战的问题。要更好地了解这些问题，有一个办法就是对比不同国家的历史增长情况。

2
增长简史

弄清楚为什么有些国家实现了增长，而另外的国家没有，是未来实现增长的关键。美国 GDP 计量教父西蒙·库兹涅茨认为，世界上有四类国家：发达国家、欠发达国家、日本和阿根廷。20 世纪中期，库兹涅茨对国家的分类至少在一定程度上说明，他无法解释日本为什么会增长，以及阿根廷为什么没有增长。

库兹涅茨的历史性框架在解释今天的许多国家时仍然具有广泛的意义。他总结出了最值得我们关注的四大类别：一是增长最多的国家，二是没有增长到富裕程度的国家，三是超出预期、排除万难实现增长的国家，四是本应增长却浪费了丰富资源的国家。

尽管自 20 世纪 30 年代以来经济思想迅速发展，但同样的增长问题仍然困扰着经济学家。即便像库兹涅茨这样的权威也认为经济增长是一个谜，并且对今天的政策制定者来说仍然如此。要寻找解决方案来实现经济增长，就要了解历史。了解前人走过的道路，不论成败，都有意义。

经济增长背后的原因，不仅限于经济领域。它可能与地理、历史、文化、体制和政策都息息相关。每个领域都为破译经济增长和萎缩的谜题贡献了有用的甚至是令人信服的见解，但没有哪一个能够以偏概全，一锤定音。

例如，地理决定论者认为，一个国家的环境和地形会带来财富。贾雷德·戴蒙德在他的《枪炮、病菌与钢铁》(Guns, Germs, and Steel)一书中认为，一个国家自给自足（并实现贸易顺差）的能力为繁荣奠定了基础。[1]

表面来看，这是个有趣的理论。然而，先天的自然资源条件在经济增长方面并不能带来明确的好处。在很多情况下，它还可能是一个祸端。以开采自然资源——从石油、黄金、铜和铁矿到棉花、糖和其他农产品——为基础的经济体，长期以来一直努力把商品卖给国际市场赚取暴利。比如，在20世纪70年代大宗商品热潮期间，许多国家（尤其是非洲和南美的发展中国家）由于投资决策不佳和腐败问题而失去了本应获得的财富。

丰富的资源也潜藏着更大的负面影响，其中之一就是一种被称为"荷兰病"的现象。这一名词由《经济学人》于1977年创立，当时荷兰由于丰厚的天然气储备，外币收入激增。但这笔横财最后却摧毁了荷兰的出口、制造业和工业部门，并导致失业增加，失业率比 20 世纪 70 年代翻了两番。通过在国际市场上销售商品，各国赚取了大量的外币，一般以美元计价。随着美元的涌入，当地货币变得相对稀少。由于店主和商人只能用当地的货币进行投标，那些美元持有者就把美元兑换成了当地货币。相对于美元，当地货币变得更有价值。因此，出口价格在国际市场开始攀升，商品贸易行业失去竞争力。而保持竞争力的唯一办法就是削减工资和工作岗位。[2]

即使在汇率仍然由政策规定的国家，也存在"荷兰病效应"。涌入这些国家的外国资金过剩，扩大了国内需求，导致商品和服务价格上涨。即外币流入推高了当地商品和服务的价格，加剧了通货膨胀，使当地的产业竞争力下降。

贫穷国家本来就依赖出口拉动经济增长，任何损害出口的事情都可能损害经济。此外，由于出口部门对提高生产率（如在职学习）至关重要，任何妨害出口的事情也都将影响经济增长乃至整个经济发展。

更糟糕的是，应对"荷兰病"负面影响的政策干预可能加剧这一问题，进而损害经济增长。例如，通过提高利率以对抗通货膨胀或"杜绝"外币流入（政府通过发行债券或欠条从经济中吸收过剩现金的做法）来降低投资吸引力，会提升经济增长的难度。

简而言之，仅靠资源是不能带来经济上的成功的。一个国家的经济增长路径不可能仅由地形、地势、水路情况或者资源富裕程度来决定。毕竟，夏季平均气温高达 45 摄氏度（113 华氏度）左右的沙特、地处内陆的瑞士，都没有让这些自然因素成为阻碍，反而实现了卓著的经济成就。

显然，影响经济增长的因素众多，了解不同类型的国家之间形态各异的历史，有助于我们了解这些方面的因素是如何体现出来的。

深入研究发展中国家和发达国家的增长图景，以及库兹涅茨有关阿根廷和日本的名言，可以让我们更好地理解影响经济增长的复杂因素。例如，就 GDP 而言，中国作为 19 世纪初期最大的经济体，后来 GDP 和人均 GDP 都较低，但在最近 40 年里扭转了这种局面，这是为什么？日本是如何从经济沉睡走向先进的工业化经济的？100 年前的经济强国阿根廷是如何仅在一代人中就陷入经济绝望的周期的？工业革命是如何使西方经济体一跃成为经济霸主，并且时至今日都还保持着经济优势的？

中国经历了从世界上最富有的经济体跌落为贫穷的国家之一，又在过去的 40 年里，重新崛起成为一个经济强国。追溯中国的兴衰起落，就不得不提起安格斯·麦迪森。他在 1995 年发布了一份经济数据库，计算了 1820 年以来的增长、人口和基础设施广度，并比较了欧洲、中国、印度和美国的情况。1820 年，由于西方对中国出口的需求旺盛，中国在世界 GDP 中所占的比重超过了其他三个地区的总和，达到了 32.9%。而同样在 19 世纪初占据相当强劲地位的印度,这一年的 GDP 占到了世界 GDP 的 23%,这样的占比,也是以强大的出口作为基础的。[3]

然而,随后的几十年,世界经济实力的平衡发生了急剧变化。1890 年,实力的天平已经倾向了西方。工业革命将欧洲推向领先地位,其占据世界 GDP 的 40%。与此同时,中国经历了急速衰落,而美国则在上升,两国暂时各持 13% 的份额。

1950 年,这一转变似乎已经结束了。美国和欧洲蓬勃发展,一起贡献了全球 GDP 的 60%(仅美国就接近 30%)。在跌至 5.2% 后,中国占世界 GDP 的份额在接下来的 25 年里都徘徊在 5% 左右。

然而,变化正悄然上演。日本开始收获工业化的果实,随着美国的去工业化,其消费者开始从国外购买产品,而这滋养了日本的 GDP 增长。今天,中国已经是世界上第二大经济体。截至 2014 年 12 月,在用购买力平价(用相同的钱可以在不同的国家购买多少东西)换算之后,中国的经济总量为 176 000 亿美元——以微弱的优势领先于美国经济的 174 000 亿美元估值。[4]

过去的 40 年,中国已经具备了主导经济格局的实力,在全球范围内深入参与贸易、外国直接投资和资本市场。根据国际货币基金组织的数据,中国在 2013 年贡献了全球经济总增长的 1/3,即使增速放缓,在未来几年内,也仍将至少为世界经济增长贡献 1%。贸易、出口以及由政策主导的向消费导向型经济的转型,是中国经济成功的重要因素。到 2025 年,中国海外投资有望在全球范围内达到 30 000 亿美元。[5]

中国经济直到 20 世纪中期开始，才慢慢恢复到现在相对强势的位置。在此过程中，中国饱受一连串自然灾害等纷扰，无法促进经济增长和发展。在美国和欧洲等地区迅猛发展的同时，中国没有得到快速发展。近年来，为实现长期增长，中国制订并出色地完成了发展计划。政府优先发展基础设施，保障政治安全和稳定，吸引着外国投资者。

现在，中国决定从投资导向的出口经济向依靠国内消费拉动的经济转型。然而，过渡到这种新的经济平衡不会是一帆风顺的。但毫无疑问，中国将集中精力追求经济发展。

19 世纪末期，日本制订了一个清晰明确、有条不紊的计划，该计划为其奠定了（直到最近）长期的经济成功。日本明治维新（1868—1912 年）带来了巨大的政治和社会变革，这在 20 世纪初日本作为一个现代化国家的崛起中受到了广泛的赞誉。在明治天皇的统治下，恢复期的三大关键是以现代化的内阁制度取代封建制度的行政改革、对西方贸易的开放，以及军事力量的积聚。

日本的改革计划建立在政府和社会所有要素的现代化之上。教育、行政和军事在这一过程中都发生了深刻的变化，经济、社会和法律政策也是如此。从经济上来说，这个国家从农业封建制度转变为工业经济优先。税收和土地改革促进了现代化和工业化。政府还资助了铁路、轮船、港口、纺织厂、军火、纺织品、化工厂和铁冶炼厂等基础设施建设,后来又将所有权转让给私营部门。明治时期也是一个金融发展的时期,其特点是银行业的出现。这些改革与政府支出一起推动了日本资本主义的萌芽。

明治维新为日本20世纪大部分时间的经济增长和成功奠定了基础,但日本最近却经历了罕见的经济停滞。近1/4个世纪以来,日本平均每年的增长率仅为0.85%,仅在2017年,似乎出现了经济好转的迹象。在如此低迷的经济环境下,政策制定者几乎尝试了所有经典模型和经济学教科书提出的办法——从财政政策和扩大政府支出,到实行负利率政策来鼓励企业和家庭借贷。

在寻求恢复经济增长的过程中,日本的人口增长图景并没有发挥作用。如果该国的生育率持续在低水平(2016年仅为1.4%),那么其人口将在2065年下降至大约8 700万,在2115年下降至5 050万,这将导致日本出现劳动力短缺和经济规模下降,以及生活水平下降。由于日本和潜在的移民来源之间的经济差距缩小(比如日本外籍员工的最大来源国之一是中国),日本的劳动力水平更加难以维持现状。专家认为,日本的人口前景是"日本经济的定时炸弹",并指出目前平均"仅有不到三个在职人员养一个退休人员。而到2030年,这一数字将变为不到两个"。[6]

乐观主义者对更激进的结构改革抱有希望,诸如更深化的农业改革和进一步的土地自由化。这种变革可能会开启日本的复兴，使其经济走上复苏进而增长的道路。从现在直到日本制订出一个可行的增长计划之前，其人口将脱离经济的风险都会一直增加。为应对风险，人们会囤积资金并减少经济和社会活动开支。自然地，这些趋势将会为日本的经济增长前景带来更严重的后果。

我们很难确定日本近期衰落的确切缘由，但可以确定的是，稳定的政局在日本经济崛起中发挥了重要作用。在中国的经济崛起中，实施着眼于长期发展的公共政策也很有必要。相比之下，阿根廷的经济则揭示了政局不稳、短期思维和贸易政策不一致等损害增长的计划带来的危害。

阿根廷的发展历程充满了政治和经济的开启与停滞、高峰和低谷。1913 年，阿根廷是全世界排名第十的人均最富裕的国家。次年，它入选全世界最富裕的国家之一，落后于澳大利亚、美国和英国，但超过了法国、德国和意大利。然而到了 20 世纪 30 年代，阿根廷的经济却开始急剧衰退。今天，它已经是地球上增长速度最慢的经济体之一。从 1930 年到 20 世纪 70 年代中期，阿根廷爆发了六次军事政变；阿根廷三度出现恶性通货膨胀，其中 1975—1992 年每年的通胀率超过了 500%（并在 1990 年 3 月达到了超过 20 000% 的峰值），并出现了大规模的债务拖欠；自 1970 年以来，经济增长率前后七次在不同的情况下降至零点以下（即衰退）。在整个过程中，保护主义始终是阿根廷贸易政策的一个核心特征，这导致这个国家的许多行业在全球缺乏竞争力。

阿根廷拥有丰富的资源。不仅大部分国土位于世界上最富含金属的地区之一安第斯山脉附近，而且可能含有世界上 4/5 的锂盐水储量。此外，阿根廷作为世界第三大生物燃料出口国，其生物燃料产量比其他国家都要多。[7] 然而，阿根廷即使拥有肥沃的可耕地等自然资源，以及连接全球贸易的海岸，也架不住政策无力和政局不稳，因此浪费了经济成功的机会。[8]

阿根廷最大的政策失误发生在 1944 年，当时它未能与美国结盟，美国随后开始了经济腾飞。相反，阿根廷领导人选择与英国结盟，从那时起阿根廷开始了经济衰退。阿根廷富裕的企业家也忽视了对制造业和工业化的投资，而偏爱廉价的、没有受过教育的农业劳动力。这种选择在 20 世纪 40 年代盛行，当时的阿根廷未能在教育方面进行投资，是国际上中学入学率最低的国家之一。由于缺乏受教育人口，阿根廷难以创新和具备竞争力。阿根廷的精英也不愿意颠覆他们的经济现状，他们更愿意维护和捍卫垄断，而不是在竞争激烈的企业中冒险。所以，当工业化真正到来的时候，也只是为时已晚的有限的工业化了。

1975—1990 年，阿根廷的实际人均收入大幅下降，降幅超过 20%。公共支出的不断增加、工资的提高以及低效的生产率，都助长了通货膨胀，并在 20 世纪 80 年代不断恶化，每年的通胀率超过 1 000%。1998—2002 年，阿根廷经历了灾难性的经济和政治危机。在这 4 年间，阿根廷的经济萎缩了 20%。在短短的两年里，产值下降超过 15%，失业率跃升至 25% 以上，货币贬值 75%，贫困率从 2001 年的 35% 上升到 2002 年的新高 54.3%。

如果中国、日本和阿根廷提供了经济繁荣和长期萧条的范例，那么工业化的西方国家——美国和欧洲国家——则展示了几乎从未止步的经济发展。过去 50 年来，美国的收入水平上升了 30 倍，贫困水平下降了 40%。1950—2000 年，欧洲的人均 GDP 增长了两倍。一个多世纪以来，西方民主制度和市场经济的结合给欧美带来了经济的增长、贫困的减少，并让欧美扩建了基础设施、延长了人口预期寿命，并扶持了创新。强大、可信赖的体制，如英国和法国的议会制，向私人产权和可交易产权的不断转型，以及市场资本主义的中坚力量，都推动了我们今天看到的经济成功。

这些国家几乎都完成了从农耕到制造业再到服务业为主的经济发展的无缝过渡，最终通过探索与发展，实现了 GDP 和人均 GDP 的双料增长。这一转变不是直线推进的，也并非一帆风顺。它得益于我们日益深刻的认知：政治和经济制度的宽松能较为有效地促进经济增长。正是这种政治和经济自由主义的结合，为欧洲和美国成为工业革命到第二次世界大战后无可争议的世界经济霸主奠定了基础。

然而，在 2008 年金融危机之后，西方的增长道路遭到了质疑。正如我们在下一章将要讲到的，过去几十年经济成功的主要推动力（如人口变化、技术进步带来的生产率的提高），现在正成为经济进一步增长的阻力。金融危机之后，发达国家背负着高负债和赤字的重压，劳动力数量和质量都面临下降，生产率也持续降低，政策制定者正努力创造持续的经济增长。

我们可以从这段短暂的增长历史中汲取哪些经验？日本、中国、阿根廷、美国和欧洲的发展故事有一条共同的主线，那就是强大和可信赖的体制的重要性。通过全面深入的学术研究，历史学家、政治学家和经济学家得出结论：一个国家的经济增长与其体制的实力相关联。如果没有可靠的政府行政部门、警务部门和司法机构，几乎可以肯定，糟糕的经济结果会接踵而至。正如大卫·兰德斯所言，能够捍卫法治、个人自由和私人财产的强大政治体制支撑着国家发展和经济增长。[9]

英国就是一个例子。尼尔·弗格森强调了英国普通法法律体系和公务员制度对其殖民地区经济发展的重要性。与兰德斯一样，弗格森强调了政治体制、法治的执行、对行政部门的约束，以及避免过多政府支出的重要性。这些都为投资、创新和最终的经济增长提供了重要基础。[10]

而缺乏上述特征则会阻碍经济增长。由达尼·罗德里克所编的《寻求繁荣》（*In Search of Prosperity*）一书，援引了印度尼西亚和巴基斯坦的例证，来说明由于公共机构没有起到作用，长期性的经济增长难以实现。巴基斯坦自1947年成立以来，以及印度尼西亚自 1997 年遭遇经济危机以后，经济发展一直动荡，两国都无力提供良好的教育和医疗条件。[11]

中国当代经济的发展主要归功于中国特色的经济制度，它有能力捍卫和执行财产权。中国的例子表明，对投资以及最终的经济增长至关重要的，是政策的可预见性和能够保护财产权的体制。中国的经济体制是强大的，能够在一个庞大的地方政府网络中实施国家公共政策。

中国的行政机构不仅能够在和平时期和正常的经济状况下提供完善的政策，而且能够在外部经济和政治动荡的压力下站稳脚跟。而那些没有跟上当前人口构成和现代经济与政治结构形势的官僚体制和机构则相对被动。历史上充满了由此走向政治衰落的例子。从法国大革命到苏联的解体，再到 2016 年威胁到欧盟存续与未来的民粹主义乱象，这些都被英国公投脱欧推向高潮。

除了自然资源和强大的政治体制外，影响增长的其他因素还包括殖民主义、战争和文化规范。

殖民列强瓜分大陆，划分国家边界，迫使历史敌对的种族群体共同生活。殖民主义官僚体制也与原住民的生活格格不入。部落和种族之间冲突不断，有时还会爆发彻底的战争，发展经济举步维艰，在这种情况下国家建设几乎是不可能实现的。

内战对一个国家及其邻国来说，在经济上具有毁灭性的打击。保罗·科利尔和安珂·霍芙勒估计，一场内战一般会消耗一个国家大约 4 年的 GDP。[12] 以卢旺达为例，由于 1990 年的内战 [13]，其人均 GDP 下降了 63%。此外，科利尔和霍芙勒还估计，冲突边界上的国家可能损失多达 50% 的 GDP，而较小国家的集群尤其容易受到这种现象的影响。

战争可以摧毁那些为社会和经济运作提供必要支持的体制、资本和组织机构。2014 年，暴力使全球经济损失了 143 000 亿美元，这占世界 GDP 的 13.4%。如果全球范围内的暴力活动减少 10%，则世界经济每年将额外增长 14 300 亿美元。从这个角度来看，这一数字大约是美国联邦政府教育支出的 8 倍，超过截至目前希腊纾困总成本的 6 倍。[14]

文化也是关乎国家兴衰起落的一个因素。德国政治经济学家和社会学家马克斯·韦伯探讨了文化规范、社会习俗和宗教信仰不同导致经济发展出现差异的原因。韦伯认为，新教徒的职业道德和辛勤工作带来的进步促进了创新，这推动了生产力，进而促进了英国和欧洲在 19 世纪的经济的成功。

因此，必须承认从地理到殖民主义再到文化等因素的影响。然而，通过经济的兴衰来追溯库兹涅茨的四种增长图景，结论表明，经济和政治决策是加速或减缓经济发展的主要推动力。这并不是说创造增长就是容易的。日本在过去一个世纪的经济进步和停滞、中国的兴衰与崛起、阿根廷的步履蹒跚，以及美国和其他发达经济体的稳步增长和最近的放缓都说明了一个道理：没有现成的增长秘诀。此外，考虑到历史、地理和文化因素也会影响经济的发展轨迹，决策者在通过制定政策推动经济增长时，必须同时保持警惕和开明。

从过去的250年中，我们得到了一个深刻的教训：政治和社会稳定在长期的经济成功中起着至关重要的作用。历史表明，那些经济增长竞赛中的赢家都是由具有长远思维的人领导的，并且他们偏好风险与投资。在这场竞赛中，失败者的政策很容易被短期主义牵着鼻子走，盲目地认为眼前的好景也将持续到未来。这一立场是盲目和莽撞的，并将威胁和有碍于明天的经济前景，尤其是在当今全球经济面临巨大逆风的环境下。

3
增长的逆风

在《最伟大的一代》(*The Greatest Generation*)一书中,美国记者汤姆·布罗考描述了美国在20世纪30年代如何从贫困中崛起。这本书讲述了那些出生在20世纪初的人,他们挺过了经济大萧条,赢得了第二次世界大战的胜利,将美国从经济衰退和萧条中拯救出来,走上了繁荣的发展道路,将美国建设为世界头号强国。那个时期美国经济的发展历程对今天的我们非常有借鉴意义。[1]

在这段经济增长强劲和逐步转型的时期,美国对三个增长的关键因素(资本、劳动力和生产力)实施了全面优化。资本投资主要包括从1956年开始修建的庞大的州际公路系统,截至2017年已完成了近47 000英里,以及对农业设备和机器的大量投资,这构成了美国经济的重要组成部分。在劳动力方面,时任美国总统富兰克林·罗斯福1944年6月颁布的《退伍军人权利法案》为第二次世界大战的退伍军人提供教育和商业贷款等福利，提高了劳动力的质量。得益于这项法案，在短短10年的时间里，超过200万名退伍军人进入大学接受了教育，550多万名退伍军人受到了培训。劳动力的数量也有所增加，在战争期间，后方的妇女开始加入正式的劳动力大军中。几年间，生产力也显著增长，这部分得益于技术的进步，包括肥料、杀虫剂以及联合收割机、大型机计算和制造设备等机器的应用。1945—1975年，每小时劳动生产力（一种衡量生产率的指标）提升了127%。资本、劳动力和生产力三方面的激增，共同推动了美国经济在战后几十年的发展。

然而，仅仅几十年后，这些因素中的每一个都面临着严重的阻力。我们生活在一个低增长甚至经济停滞的时期。虽然越来越难以确定如何实现增长，但更加明确的是，哪些因素会使全球经济增长脱轨。本章旨在阐释挫伤全球经济的七种飓风级力量。首先，在资本方面，不利因素包括高负债水平、自然资源稀缺和资本分配不当。其次，在劳动力方面，由于人口变化和日益加剧的收入不平等问题，全球劳动力的质量和数量都在下降。最后，全要素生产率（来自非劳动力或非资本要素的产出份额）因技术进步的反常效应，以及可转化为经济增长的资本和劳动力效率的降低而有所减弱。

矛盾的是，这里探讨的许多因素曾经一度是支持经济增长的。比如，新技术的诞生曾经推动了工业化、提高了生产效率。

3. 增长的逆风

尽管工人在过渡时期失去了工作，但他们还是在其他地区和行业找到了新工作。然而现在，由于没有任何明确的办法替代新技术来吸纳劳动力，就业机会正在加速消失。

虽然过去的人口因素是支持经济增长的，但今天的人口流动却成了挑战。20世纪50年代的婴儿潮，在处于工作年龄时曾带来积极影响，但这一群体逐渐步入老年和退休状态，成为经济增长的拖累，导致养老金和医疗保健费用攀升。

了解本章描述的七项不利因素，对理解当前经济低迷为何不同于以往的经济挑战至关重要。我们当前面临的危机与1973年的油价飙升完全不同，当年的危机随后导致了滞胀、失控性通胀和20世纪80年代初期的全球债务危机，决策者当时试图通过改变利率来应对债务危机。当前的问题与20世纪30年代也完全不同，当时的决策者至少能够利用货币工具（降低利率）和财政工具（扩大政府支出）来缓解危机。而现在，事实证明，这些经典的货币和财政政策都无力解决当前的困境。贸易保护主义政策和限制移民政策也是如此，尽管这些政策越来越受欢迎，但它们却只能抑制而非推动经济增长。

只有当决策者能够长期地、更有效地分配资源时，全球经济才会实现繁荣增长，而应对经济增长的巨大阻力则是必要的第一步。

位于纽约时代广场的美国国债钟隐隐笼罩着一种危机感，

它实时更新美国的公共债务总额,并显示出每个美国家庭要负担的数额。2000 年,这一计数钟显示的数字接近 5 700 亿美元。到 2005 年中期,这一数字增加到了约 8 万亿美元。2015 年底,已超过 18 万亿美元。不断增长的美国国债已经逐渐成为政治辩论的焦点。民众对债务水平(以及国会对提高债务上限的分歧)的担忧之甚,令评级机构标准普尔(对债务发行人偿债能力和意愿进行评级的权威机构)在 2011 年 8 月 5 日历史上首次下调了对美国政府的评级。

陷入债务增加危机的不止美国。正如麦肯锡全球研究院的报告指出的,自金融危机以来,"全球债务增长了 57 万亿美元……使负债率(总债务与 GDP 的比率)上升了 17 个百分点"。[2] 全球范围内的负债率目前已高达 350%。金融危机之后,许多国家,特别是英国、法国、"欧猪五国"(葡萄牙、爱尔兰、意大利、希腊和西班牙)的债务负担急剧加重,这七个国家的政府债务从 2009 年前后的 5.6 万亿欧元上升到了 2016 年的 8.2 万亿欧元。这一急剧增长在一定程度上反映了债务被越来越多地用作解决金融危机的工具。在本书写作期间,全球公共债务共计约为 71.5 万亿美元,而全球 GDP 约为 60 万亿美元(有些数据称,全球 GDP 已高达 78 万亿美元)。[3]

债务水平相对较低时,国家和公司都可以从承担一些债务中受益。为了当前的投资而借钱可以带来未来的经济收益,尤其是当借贷催生投资时。适度和可控的借款数额比完全不投资要好。承担债务还可以促进教育、医疗和基础设施方面的重要公共投资。这种债务对美国20世纪的经济增长产生了重要作用。美国约3.8万亿美元的市政债券市场为基础设施、学校、医院和公路建设提供了资金来源。在战后的几年里，因为政府和各州在基础设施方面投入巨资，市政借贷增加了几倍，从1945年的200亿美元增长到了1960年的660亿美元。[4] 通过这种方式，债务成了未来经济增长的催化剂。

但从大宗商品驱动型经济的发展历程来看，债务的作用也是有限的。在经济快速增长的时期，政客经常从国际资本市场借款来进行投资，期望大宗商品的价格在可预见的未来仍居高不下。然而，如果全球商品价格暴跌，或者经济增长不可避免地放缓，偿债数额在公共支出中的占比就会增大，从而使专用于教育和医疗等需求的资金减少。更糟糕的是，如果以外币（例如美元）计价，由于增长放缓往往伴随着本币对美元的贬值，债务价值将会升高，即变得更贵。债务支出增大带来的债务负担不断增加，进一步损害了经济增长。英国2015年的公共债务利息支出高达430亿英镑，占税收总额的8%，相当于当年英国政府教育预算的一半。在全球金融危机之后，希腊、意大利和爱尔兰的公共债息支付额攀升至税收收入的10%以上；本可以促进投资和经济增长的现金，基本上被用于偿还债务。

债务和增长之间并非简单的线性关系。承担越来越多的债务并不能无限转化为未来更多的经济增长。事实上，增长缓慢，又面临债务迅速上升，可能十分危险。如今，全球经济增长相对停滞，各国经济扩张的速度已落后于债务积累的速度。

决策者仍在努力厘清债务与增长之间的复杂关系，找出债务从经济增长的助力沦为阻力的拐点。哈佛大学教授卡门·莱因哈特和肯尼斯·罗格夫合作完成的《债务时代的增长》（Growth in a Time of Debt），就是一项涵盖200多年历史的深入研究，他们在这项研究中得出了结论："当外债达到GDP的60%时，年增长率会下降约2%。"莱因哈特和罗格夫记述了主权借贷导致高债务水平的情况，着重描绘了在极端情况下，违约是如何挫伤经济增长的。放贷人不愿意与任何有理由担心还款风险的交易对手打交道。即使愿意，他们至少也会给出高昂的违约代价。债务危机不仅压垮了现有的债权人，使他们持有的债券一文不值，还阻碍了新资本的流入。[5]

即使经济学家能够确定一个阈值，一旦超过这个阈值，债务就会成为经济增长的问题，决策者也很难把负债率控制在阈值之下，尤其是在2008年金融危机等经济困难时期。1992年《欧洲联盟条约》规定，该条约签署国的债务与GDP比率不得超过60%，政府年度赤字不得超过3%。金融危机之后，这些规定几乎形同虚设，2014年欧盟成员国的平均负债率飙升至92%以上。

2014年，国际货币基金组织指出，债务的绝对水平与经济增长之间没有明确的关系，但仍然强调高债务会给GDP增长带来波动。此外，债务的轨迹（上升与下降）确实对经济增长产生了显著影响。[6] 随着各国承担的债务越来越多，债务争论已经从决策的外围逐渐凸显。理性来看，即便对于拥有国际储备货币的美国等国家，人们也认为，积累不可持续的债务会制约国家的经济增长。

为摆脱债务不可持续的危险境地，应对方法主要包括彻底违约、财政紧缩和财政援助，而这些都进一步缩紧了经济，恶化了经济增长前景。只有增长本身，包括债务融资的可持续增长，才能使各国摆脱高负债，实现（至少不拖累）长期繁荣。当下全球债务面临的风险是，世界上很少有重要经济体在走可持续债务的道路。

自然资源是一个国家资产和资本禀赋的一部分。丰富的自然资源可以使一个国家的经济实现强劲增长，特别是在如今自然资源日益稀缺和昂贵的情况下。然而，全球需求的增加，以及商品供应的萎缩，对全球经济增长构成了严重威胁。最终，全球势力将影响每个国家的命运：一个自然资源枯竭的世界将无法维持长期的经济增长。

经济增长的关键投入要素包括耕地、饮用水、能源和矿产。非洲拥有现今数量最多的未开垦的耕地，但由于无法逾越的地形障碍，这些耕地资源往往难以获得。相比之下，拥有 13 亿人口的中国，据估计只有 11.3% 的耕地。2015 年中国在全球范围内投资了约 2 000 亿美元，其中 1/3 集中在能源领域。[7]

饮用水也越来越短缺。虽然地球上 70% 的地方被水覆盖，但这些水中大约 97% 的部分即便用来清洁洗手间也含盐量太高。水资源不仅对饮水解渴至关重要，对制造业和食品生产也十分关键。举例来说，生产一个鸡蛋需要 20 加仑（约 75.7 升）的水，做一个 1/4 磅（约 113 克）的汉堡需要 150 加仑（约 567.8 升）的水。[8] 水资源短缺会带来巨大的风险，这也是为什么中国和沙特阿拉伯等国家在海水淡化方面投资很多，并且一直在积极努力地寻求解决办法。

对许多国家来说，水资源很快也将变得稀缺。根据美国国家情报总监办公室的一份报告，"从现在到 2040 年，如果不对水资源进行更有效的管理，淡水将供不应求"。缺水"将削弱一些主要国家生产粮食和提供能源的能力，对全球粮食市场构成风险，阻碍经济增长"。此外，虽然缺水问题在相对富裕的发达国家还是可控的，但对贫穷国家来说却是一个"不稳定因素"。在今后 10 年中，水资源短缺将导致社会混乱和政治动荡，进而加剧冲突。[9]

除了耕地和饮用水，矿产和能源等资源的获取也变得越来越困难和昂贵。在挖掘矿产和能源资源的过程中，探寻者更多地把目光投放在了政局不稳和地形险要的地区。例如，2014 年，力拓集团投入 54 亿美元的地下扩建工程蒙古奥尤陶勒盖矿，在与政府就投资条件发生争执后出现了严重延误，导致蒙古国总理诺罗布·阿勒坦呼亚格下台,进而延误了力拓集团的项目进度,导致了额外的经济损失。(截至 2017 年,蒙古议会已投票将该矿国有化。)[10]

这些对耕地、饮用水、能源和矿产的供应限制只是问题的一个方面,另一方面是对自然资源的需求。影响需求的因素很多,天气就是其中之一。在炎热的夏季,开空调会增加对能源的需求。资源替代品也是一个因素,创新为传统的能源带来了可替代品,如太阳能和核能等。经济学理论认为,随着一些资源变得稀缺,它们的价格会上涨,需求会下降。然而,政府的政策干扰了市场力量。补贴、税收和价格限制可以使能源和燃料等产品的需求维持在一定水平甚至继续上升,但最终给资源带来最大压力的还是人口增长。

在过去的 50 年中,全球人口增长异常迅速。人口学家表明,这是前所未有的现象。根据一些预测,22 世纪人口数量会达到平稳状态,当前的增长现象也是绝无仅有的。在某些方面,这种人口趋势十分反常。全球人口爆炸式增长意味着更多的人口、更多的劳动力、更多的消费和更多的增长动力。然而,目前的人口动态可能会让未来更加艰难,尤其是在资源有限的条件下。

世界实时统计数据(Worldometers)网站会实时更新世界各地每天和每年的出生及死亡人数。[11] 据人口资料局统计,现在地球上约有 75 亿人。据联合国估计,地球上的人口将会在 2100 年达到 96 亿~123 亿,在这之后全球人口数量才会趋于平稳。[12]

1960年1月,《时代周刊》刊登了名为"人口爆炸"的封面故事,宣告世界人口已达到30亿。更为重要的是,这一里程碑凸显了在短短一代人的时间里,人口增长率创下了前所未有的纪录。人类直到大约1800年才达到10亿人口,过了125年从10亿增加到20亿,而增加到30亿仅花费了35年。在短短60年时间里,全球人口呈爆炸式增长——从1950年的25亿左右激增到2011年的70亿。今天,仅印度人口每月就增加130万,全球民众则每年增加8 000万——相当于每年增加一个英国的人口之多。

根据目前的预测,到2050年,世界人口将突破90亿,之后20年将再增加12亿。短短40年内,世界人口将增加近30%。

世界人口增长的速度将逐渐放缓。联合国预测,到21世纪中期,几乎所有地方的女性都将减少生育子女数量。目前,全球平均每位女性生育2.5名子女,低于20世纪70年代的4.3名。预计2100年之前,这一数据将下降到2名。然而,从近期来看,全球人口增长对全球资源供应有限造成的压力是有意义的。资源不均带来的压力将导致商品价格上涨,这种通胀压力可能会对长期经济增长和生活水平产生负面影响。

除了快速增长外,近几十年来,全球人口整体也变得更加富裕。这种新获得的财富滋生了对资源的进一步需求。在人口和财富不断增加的背景下,整个新兴世界的经济快速增长,成为刺激食品、手机、室内管道和汽车等商品需求的催化剂。

尽管2008年金融危机后的经济下行得到了一定的缓解,但庞大且不断增长的人口带来的结构性影响,仍然预示着未来对自然资源需求的增加。

城市化也有望创造更大的资源需求。到2030年,预计世界人口的60%将生活在城市。人口在500万人以上的亚洲城市预计将增长30%,非洲城市将增长80%。[13] 在新兴市场,明确规范的城市化政策正在有条不紊地实施。比如,中国政府制定了政策目标,将把100万以上人口的城市从目前的80个左右发展到221个,再新增20多个1 000万以上人口的城市。欧洲和美国共有10多座城市人口在100万以上。

人们普遍认为,城市化能更有效地提供商品与服务。考虑到随着人口密度的增加,人们对商品的需求也会增加,人口向密集的城市聚集是有利于增长的。本质上,城市不仅能更有效地向居民提供商品和服务,而且比人口稀疏的地区对自然资源的需求更大,一座拥有100万人口的城市对商品的需求,显然比人口数为1 000的城市多得多。此外,城市地区往往意味着较高的人均收入(印度城市人均收入至少是农村地区的两倍),导致对白色商品(如冰箱和洗衣机)、食品、能源、通信和水的消费增加。因此,城市化可能对资源价格造成上行压力,进而拖累经济增长。

对自然资源无法满足人口需求的担忧由来已久。这种忧虑可以追溯到 1798 年,当时托马斯·马尔萨斯担心全球人口增长将超过商品供应。自那时起,20 世纪 70 年代的罗马俱乐部和"石油峰值"论的支持者纷纷加入了这一行列,即使技术进步已经一步一个脚印地将世界从危机中拯救了出来。即便如此,潜在的资源供应新来源,如页岩油,也处于波动状态。这种技术创新可以长期降低商品稀缺的风险,但难以完全消除忧虑,因为将来可能会导致更大的矛盾。美国国家情报委员会的一份报告发出了预警,更多基于资源的冲突可能即将上演。[14] 美国国家情报总监发布了一些国家的水资源短缺预警,特别是那些依赖尼罗河、底格里斯与幼发拉底河、湄公河、约旦河、印度河、雅鲁藏布江和阿姆河的国家。未来 10 年,许多与美国关系密切的大国(如中东地区的一些国家)将经历严重的缺水、水质恶化或水灾问题,可能加剧政治动荡,甚至导致国家治理失灵。

管理稀缺的自然资源和应对气候变化的挑战带来的压力限制了经济增长,什么样的增长才是适当且可持续的,这一问题引发了国际争端。毕竟,许多环保人士认为,经济增长本身正在使地球环境恶化。与此同时,争论另一方的经济学家则担心,过度优先考虑环境问题会损害经济增长。虽然环保人士和经济学家之间的争辩如火如荼,但"绿色增长"仍然有令人信服的理由,如正确应对气候变化、二氧化碳排放和水资源短缺问题可以促进经济增长。

3. 增长的逆风

从某种意义上来说，这种环境与经济的观点冲突反映了工业化发展的西方国家与其他国家之间的紧张关系。西方决策者往往会告诫新兴国家：如果不倡导"绿色增长"，不以保护环境为前提追求经济增长，就只能实现低质量的增长，甚至会使经济恶化。新兴市场国家则指出，不计后果的环境议程是西方发展的支柱，发达国家仍然是地球上最大的环境污染者。因此，要解决自然资源困局，使全球经济走上快速增长的轨道，解决目前的紧张局势非常关键。

今天，资本受到了不可持续的高债务和自然资源稀缺的双重制约。作为增长三大支柱之一的资本，饱受这两方面的威胁。与此同时，GDP增长的第二个关键推动力——劳动力市场，也面临着不利因素。

1997年，90岁的亚历克·霍尔登向博彩公司威廉希尔下"百岁寿命"赌注，威廉希尔公司为他开出了250∶1的赔率。2007年4月，他赢得了赌注。当霍尔登赢得支票时，威廉希尔公司宣布，他们将不再提供如此慷慨的赔率——将此类投注的目标提高到了105岁。发言人表示："如果你准备赌你能活到105岁，你可能会得到150∶1的赔率；要想像霍尔登先生一样获得250∶1的赔率，那你必须活到110岁，并且你只能下注100英镑。"

尤其是在西方，很多人都像亚历克·霍尔登一样拥有很长的寿命，退休后还能活几十年。经济学家今天面临的一大问题是，如何为全球越来越多的"亚历克·霍尔登们"养老。到2050年，全球将有1/6的人口年龄在65岁及以上，而2015年这一数据还是1/12。世界人口的老龄化正在提高抚养比率，即退休人口与劳动人口的比率。非劳动力人口过剩带来的高昂成本，加上生产力劳动人口的匮乏，构成了经济增长的主要逆风。

能够为经济增长做出积极贡献的生产力型劳动力人口越来越少，到2050年，将有64个国家30%以上的人口超过60岁。事实上，德国、西班牙、意大利和日本一半以上的人口都将超过60岁。如果没有年轻的劳动力，国家的经济发展就会停滞。同时，中国也有一些人可能在致富前变老。有人估计，到2050年，中国的一半人口将达到或超过50岁。日本已经在对抗人口负增长。据估计，到2060年，日本将有40%的人口超过65岁。与2012年相比，2013年的出生人数减少了6 000人。这些趋势表明，未来50年，该国将比现在减少1/3的人口，对其劳动力市场和经济前景都将产生负面影响。据报道，"世界上大约48%的人口生活在一个出生率不足以维持现有人口的国家：除冰岛以外的欧洲，主要的金砖国家巴西、俄罗斯和中国，甚至一些新兴市场国家如越南等"。[15] 所有欧洲国家（欧盟成员国）的生育率都低于长期维持人口水平所需的标准。

随着经济活动人口的减少，非经济活动人口也在增加。一直以来，正逐渐迈入老龄化的婴儿潮一代的预期寿命都在增加。预计到2045年，全球平均预期寿命将提高到77岁。这一趋势带来了越来越多的医疗成本和无资金准备的养老成本，拖累了经济增长。联合国预测，到 2050 年，富裕国家将有 1/3 的人口要领取养老金，几乎 1/10 的人口将超过 80 岁。在美国，2015 年社会保障支出接近 9 000 亿美元，这成为联邦政府年度预算中最大的单项，约占联邦支出的 25%（高于第二次世界大战期间的 22%）。这些数字可能还是偏向保守的，因为它们还没包括面向州和城市的额外公共养老金承诺。根据英国预算责任办公室的数据，"养老金支出是最大的社会支出类别，2010 年的公共支出总额占到了 GDP 的 6.1%（略低于经合组织 7.3% 的平均水平）"。[16]

这些都表明，西方国家正在变"老"。劳动人口生产力越低，维持老龄化人口养老的费用越高，本已捉襟见肘的财政收支平衡和整个经济面临的负担就越重。一个国家如果年轻和壮年劳动力人口越来越少，那么将不可避免地面临劳动力短缺、生产力下降和经济增长放缓的前景。

当然，人口老龄化不仅仅是富裕的工业化国家才会面临的挑战。联合国的最新人口预测估计，到 2050 年，世界年龄中位数将从 29 岁上升到 38 岁。而正如我们看到的，全世界的女性生育数量越来越少，这意味着当下的人口平衡在不久的将来肯定会向老年化群体倾斜。[17] 根据联合国社会发展研究所的数据，"目前，欧洲 60 岁及以上人口的比例最高（24%），但世界其他地区也将出现人口快速老龄化，因此，到 2050 年，除了非洲以外,世界上所有主要地区都将会有接近 1/4 或以上的人口达到或超过 60 岁"。[18] 2015—2050 年,人口增长的 66% 将来自亚洲,13% 来自非洲,11% 来自拉丁美洲和加勒比海地区,其余 10% 则来自其他地区。[19]

劳动力的数量在减少,其质量问题也逐渐成为制约全球增长的又一因素。几十年来对优质教育的投入不足,导致当下的适龄工作人口没有充分完备的工作能力,难以为当代经济做出有效贡献。

全球 18~24 岁失业青年数量现已超过 7 100 万。[20] 这将不断威胁政治稳定,也削弱全球经济增长前景。仅在英国,就有约 826 000 名"不升学、不就业、不进修"的"啃老族"(NEETs)。这些人基本上不具备任何职业技能,无法就业,并且越来越心怀不满。

在美国,劳动力质量下降的隐患早在 1983 年就很明显了。当年,美国教育部就在《国家处于危机之中》(*A Nation at Risk*)报告中明确阐述了这一问题。"我们在商业、工业、科学和技术创新方面曾经处于无可争议的领导地位,而现在正被全世界的竞争对手赶超。"这份报告写道,"我们社会的教育根基正在被日益高涨的平庸浪潮动摇,这威胁到了我们作为一个国家和民族的本性"。

然而,除了像发布《不让一个孩子掉队》(No Child Left

Behind）法案等微小的努力之外，政府在解决《国家处于危机之中》的忧虑方面几乎毫无作为。国际学生评估项目（PISA）是一项针对全世界 15 岁学生的测试，旨在评估学生的阅读、科学、数学和其他技能。截至 2015 年，美国学生的数学技能在经合组织 35 个成员中排名第 30 位。[21] 如果没有重大的课程变革，这一代美国学生将在职场中失去竞争力。

这些惊人的宏观统计数据背后，预示着教育成果的不平等。其影响令人不安。对此，全球咨询公司麦肯锡做出了精辟的总结："这些教育成果的差距，给美国经济带来的打击，无异于永久性的国民衰退。"报告接着指出，缩小黑人和拉丁裔学生与白人学生之间的成绩差距，可能会使 2008 年的 GDP 增长到 5 250 亿美元，上涨 4 个百分点。鉴于人口结构的变化，这种影响只会越来越大。下一代劳动力人口的受教育程度将在历史上第一次低于上一代。

然而，与富裕国家人口老龄化和劳动力人口受教育程度不足的问题相比，更为紧迫的是对新兴国家人口结构的日益担忧。本质上，当发展中国家经济增长过低而无法创造就业机会时，受教育程度不断提高的年轻劳动力并没有得到充分利用。新兴市场的人口激增使整体人口不断年轻化，25 岁以下的人口超过 60%。与此同时，新兴市场国家的学生在国际学生评估项目测试中也表现超凡，居全球排行榜首位。受过良好教育的年轻劳动力本应是发展中国家的一笔财富，但停滞的经济增长却使他们沦为社会的负担，进一步拖累了经济增长。

除了资本和劳动力以外，推动经济增长的第三个因素还包含在"全要素生产率"一词中。阻碍全要素生产率发展的三大经济逆风包括：夺走底层阶级饭碗的新技术；日益加剧的收入不平等；"纯"生产率的下降，即人均产出下降。

1930年，英国经济学家凯恩斯曾预言，到2030年，经济增长和"技术进步"将使每周的工作时长减少到15小时。现在，距离这一期限还剩不到15年时间，技术创新正持续提高生产力，并将生产变得越来越不需要人力的参与。

纵观历史，变革性技术创新在创造财富的同时，往往也造成了社会动荡。与以往的技术转型相比，当今革命性技术发展的速度和规模可能会对我们的日常生活产生更大的影响。数字计算、电信、机器人和人工智能技术的飞速发展使其在蓝领和体力劳动工作中越来越实用，从汽车工人、汽车技工到消防员、亚马逊包装工人，这些工作都将由机器人完成，机器人永远不会出错，永远不知疲倦，也不会出现工伤。根据2016年美国《总统经济报告》(*Economic Report of the President*)，每小时收入低于20美元的工人因自动化而失业的概率为83%。就连医生、律师和证券交易员等白领阶层也眼睁睁地看着他们的一些工作由机器来完成。在某些适当的时机，更聪明的电脑必然会承担其中的许多工作。

3. 增长的逆风

当然，技术进步并不一定是坏事，它们也能为经济增长和生活水平带来好处。在宏观上，这些创新改变了我们沟通、出行、借贷金融资本、获得医疗和教育的方式。自动化使公共产品得以更快、更好地交付，并带来可观的经济效益。在微观上，技术可以帮助企业更好地向客户提供商品和服务，从而提高企业员工收入。技术还可以改进企业运作和生存的方式，降低其运营成本，增强盈利能力。

企业倾向于从利润的角度来评估技术，研究创新如何帮助它们创造财务价值。比如，根据埃琳娜·沃切克在世界经济论坛上的说法，"互联网占一些经济体GDP总额的3.4%。电子商务占了其中的大部分——人们现在通过网络来做广告和销售商品"。各国的调查结果证实，信息和通信技术对GDP的增长做出了积极贡献。用沃切克的话来说，"在新兴市场，宽带普及率每提高10%，GDP就增长1.4%。在中国，这一数字可以达到2.5%。3G（第三代移动通信技术）连接的普及使移动数据使用翻倍，使全球GDP人均增长率提高了0.5%"。[22]

但是，对每一个让我们更快捷、更便宜地处理数据和信息的产品来说，其背后可能都是日益严峻的社会和公共政策挑战。逐渐升高的失业率对经济增长带来的后果不堪设想。随着时间的推移，在可预见的未来，技术的负面风险超过了它带来的好处。

人们确实担心，自动化和技术发展将使底层阶级失业。例如，牛津大学马丁学院2013年的一份报告估计，美国高达47%的就业岗位因技术变革而面临风险。[23] 美国经济中，尤其容易受到无人驾驶等自动化影响的一个行业，就是货运行业（估计有340万~450万名司机[24]），其中包括长途卡车司机、公交司机和出租车司机。目前的一些估计表明，对大多数州来说，货运是最常见的工作（尽管有人认为，零售业和服务业在劳动力中占有更大的比例）[25]，这些工作被自动化取代，对大多数州的经济将是一个沉痛的打击。

随着技术能力的提升和成本的下降，机器人技术有望逐步取代服务业低工资劳动力。日本已经有超过250万台机器人在参与劳动。而且，正如我此前在《西方迷失之路》（How the West Was Lost）一书中提到的，在美国的一些诊所和医院，机器人已经在工作了。机器人可以做更换床单、移动手术设备、给病人发放食物、清除垃圾等工作，其成本仅为人力工资的一小部分。此外，这些低工资的服务型职位恰恰是过去几十年来美国就业增长最多的职位。如果这一趋势持续下去，未来几年，美国就业可能会受到自动化的严重影响。

中国的自动化发展也很快。有报道称，电子化使中国3/4以上的工作岗位面临自动化的"高风险"。[26] 英国《金融时报》的一份报告指出，2015年"中国拥有260 000台工业机器人"，并引用未来资产（Mirae）高管拉胡尔·查达的话："根据经验，一台工业机器人将取代四五名工人，这样来看，这批工业机器人将会导致超过100万人失业。"[27]

在全球范围内，不断上涨的工资，以及劳动者对更高养老金、更好的医疗保健和其他劳动条件的需求，可能只会助长自动化技术更广泛、更快速地应用于所有行业——从农业和制造业到服务业，最终到研发行业。在2015年一份关于自动化的报告中，卡尔·本尼迪克特·弗雷和迈克尔·奥斯本称："硅谷的三家领军企业在2014年雇用了约13 000名员工，总市值为1.09万亿美元。相比之下，1990年底特律最大的三家公司的市值为360亿美元，同时总共雇用了约120万名员工。"[28] 硅谷曾是一手驱动美国进步的制造业引擎，它雇用的人数仅为底特律的一小部分，却创造了数倍于底特律的财富。

未来几年，金融行业比其他行业更有可能出现动荡。银行业以及我们进行金融交易的方式都极有可能发生震荡。机器人顾问和电子做市商的出现，导致大量职员被取代，人们转而使用自动化平台。英国苏格兰皇家银行推出了一项自动化基金管理服务，裁减了550名员工。据美国第四大银行花旗集团2016年的一份报告称，40%～50%的美国和欧洲银行职员可能在10年内失业，主要原因是零售银行业务的自动化。[29]

劳动力对经济贡献的减少是世界性的。明尼苏达大学和芝加哥大学的经济学家劳卡斯·卡拉巴布尼斯和布伦特·奈曼将20世纪80年代初以来全球劳动力份额的下降幅度定在约5个百分点，因此劳动力平均贡献了国民收入的一半多。2013年他们研究发现，在59个国家中，有42个国家的劳动力占GDP增长因素比例有所下降。此外，近来全球劳动力在 GDP 中所占份额的下降，"可以用投资品相对价格的下跌来解释"，而这又是由计算机驱动的技术进步推动的，导致企业在生产中选择用劳动力来替代资本。[30]

技术人员自身并不安全，也有可能受到技术的影响。2011年，诺基亚首席执行官史蒂芬·埃洛普曾警告道，他的员工正处在一个"燃烧的平台"上，技术正在蚕食公司。3 年后，诺基亚手机被微软收购。其他研究还发现，"1850—2006 年，执行标准化计算任务的人工成本至少下降了 1.7 万亿倍，其中大部分下降发生在过去 30 年"。[31] 在全世界 7 100 万 25 岁以下的年轻人失业的情况下，显然，技术可以通过提升效率来限制就业机会，从而在一定程度上恶化增长前景。

即便如此，考虑到技术能够降低经营成本，它还是令企业难以拒绝。随着自动化的实现，物流、人事和日常工作都将变得更便宜、更高效。这并不是说这些职位失效了，也不是反对技术进步，只是要承认，如果技术夺走就业岗位的速度快于创造它们的速度，就会给经济增长带来问题。

自动化和新的数字技术不仅威胁就业，还带来了新的风险，如网络恐怖主义和生物恐怖主义，都可能阻碍经济增长。美国政府问责局报告显示，2015 年，联邦数据在"信息安全事件"中遭到泄露 77 183 次，而 2006 年为 5 503 次。[32] 2015 年 6 月，由于国务院使用的生物统计数据储存系统出现技术故障，使馆有三周时间无法发放签证。这使农场工人无法进入美国，造成了重大的作物损失（其价值尚未确定），并迫使企业成本增加，因为它们必须为滞留的工人支付食宿费用。显然，企业面临着欺诈风险和网络安全问题，尤其是在自动化的进程中；它们必须积极监管和追踪不法分子，无论是政府还是无赖雇员。

回顾历史，总的来说，技术进步促进了经济增长，提高了生活水平。尽管农业和工业革命带来了巨大的冲击，但人类的发展进程仍在继续。例如，美国农业部门缩水与20世纪美国生活水平的显著提高有关。20世纪初，大约一半的美国人口都从事与农业相关的工作。[33] 一个世纪以来，技术和机器的进步替代了农业劳动力，如今只有不到2%的美国人还在从事农业生产。

技术就像一把双刃剑，它将劳动者挤出一个缩水行业，却把他们推向了薪酬更高的制造业。而正如达尼·罗德里克在一篇名为"经济增长的过去、现在和未来"（The Past, Present, and Future of Economic Growth）的文章中阐释的，随着各国从农业经济转向制造业和工业经济，再转向服务业，最后到高科技，人均收入也随之上升。[34]

事后来看，我们知道，大部分农业劳动力都在制造业和工业岗位中再就业了。但如今，负责稳定失业水平的决策者备感无力，他们无法预测哪些新部门能够吸纳数百万因自动化而失业的低技能劳动者，他们也无法合理预估人们什么时候会意识到技术的全面影响。尽管技术行业承诺在生物医学、数据分析和编程方面提供新的就业机会，但其中许多机会还没有实现。由于评估的复杂性，准确洞察技术的经济影响是十分复杂的。公务员和企业人员没能提前充分捕捉到硬件、软件和数字技术带来的经济影响，导致决策者无法评估技术对当代全球经济的全面影响。

对生产率的衡量是否存在根本性的缺陷，一直以来就是一个问题。2005—2015年，美国的生产率平均年增长率在1.5%左右（相比之下，1950—1970年全球生产率平均每年的增长中位数为1.9%）。最近的生产率十分低迷，比过去10年都有所放缓，全然无视同期技术行业的高收益和高企业估值。

一些科技领袖认为，近期技术进步带来的许多优势，如移动机器人等将在不久的将来显现出来。2007年的一项研究报告显示，"数字技术投资带来的生产力一般会滞后5~15年"，这可能意味着，要等自动驾驶和医疗进步都实现以后，我们才能在未来看到生产率和经济增长的提升。[35] 花旗研究2015年的一份报告指出，"依靠在生产中投入更多资本或劳动力（这一过程的回报正在减少）来谋求大量增长，这种方式已经行不通了"。[36] 一个简单的道理是，科技可能确实减缓了经济增长，但随着商品和服务的获取成本越来越低，生活水平仍然可能在提升。归根结底，技术创新既有积极的一面，也有消极的一面。它减少了制造业和服务业对劳动力的需求，使失业阶层不断扩张。然而，它也可以降低家庭的消费成本。

从表面上看，一个工作少、商品和服务更便宜的世界显然很有吸引力。然而，这也会造成一些新的问题。在这样的世界里，人到底在做什么？他们会像凯恩斯假设的那样，停止追求财富的积累，思考上帝、文化和永恒吗？他们会享受新的空闲时光，还是会挑起战争？

尽管技术带来了种种希望，但它打破了曾经所有关于生产力和增长的假设。在今天和可预见的未来，现实是技术正在让劳动者尤其是低技能的劳动者失业。技术最显著的影响是导致失业和降低成本，而不是创收和增长。那些受技术威胁最大的人处于低收入阶层，这一事实又加剧了经济增长的另一个逆风：收入不平等。

牛津饥荒救济委员会 2015 年的一份报告宣布，世界上最富有的 1% 人口拥有世界近一半的财富；而 2017 年的报告宣布，8 个最富有的人拥有的财富超过世界上最贫穷的 50% 的人的总和。财富差距扩大的背后是最富有者和最贫穷者之间收入不平等的加剧。随着收入不平等的加剧（因此穷人的收入大大落后于富人的收入），穷人积累财富变得越来越难。[37] 收入不平等在过去 10 年中被讨论得越来越多的关键原因，是其对经济增长的影响日益严重。收入不平等的影响曾经一度被认为是中性的，现在我们有充分的理由相信，它确实是一股逆风。

经合组织认为，收入不平等加剧与经济增长放缓之间不仅相互关联，还有因果关系。由于收入不平等加剧，全球主要的工业化经济体在过去 25 年中，一共损失了 8.5% 的 GDP。据经合组织估计，收入不平等导致美国经济增长下降约 6%，英国和挪威下降约 9%。

坦白来说，在过去几十年中，较贫穷经济体实现了显著的经济增长，向较富裕国家的平均收入水平靠拢，国家收入之间的不平等实际上有所改善。然而，在这些国家内部，收入不平等已急剧恶化。以美国为例，收入最高的 1% 人口的平均收入比其他人口的平均收入高出 14 倍。[38]1978 年，这一数字为 10 倍。《福布斯》每年会列出美国最富有的 400 人。根据政策研究所的数据，"《福布斯》400 人拥有的财富总额为 2.34 万亿美元，比全国底层 61% 的 1.94 亿人的财富总和还要多"。这相当于拥有"比 3 600 万典型美国家庭更多的财富。这个数字大概是美国拥有猫的家庭的数量"。[39]

收入不平等加剧会造成致命的后果。与彻底的工资下降不同，工资下降降低了个人的生活水平，收入不平等会给整个社会带来恶劣影响。具体来说，社会上有些人无法摆脱经济困难和贫困，无法获得足够的教育，感觉被经济进步的同胞甩在身后，于是对制度心生不满和不信任，对政府失去信心，也会造成潜在的社会和政治不安定。这些都阻碍了经济增长。

经合组织确认的收入不平等趋势对生活水平和最终的经济

增长都有重大影响。以伦敦大学学院的一项研究为例，该研究假设在伦敦市中心牛津广场附近出生的人，和在铁路沿线出生的人的预期寿命有 20 岁的差异。星巷周围的新生儿的预期寿命为 75.3 岁，这与牛津马戏团附近的新生儿 96.4 岁的预期寿命相差甚远。[40]《大西洋月刊》的一篇研究文章指出，在全球范围内也有类似的差距，1940 年出生的富人预计比同年出生的穷人多活 10 年。[41]

与此同时，还存在一种真正的风险：即使在西方民主制度中，收入（以及随后的财富）不平等会表现为更大的政治不平等。《纽约时报》报道，资助美国政治竞选资金的约 50% 仅来源于 158 个家庭。据估计，每个国会议员都有 20 多名说客，一次总统选举的竞选费用高达数十亿美元，因此，资金仍然是美国实施选举政治的核心。这些巨额的金钱扭曲了动机，正如《经济学人》描述的，它们可以"延长立法周期，使立法复杂化，让走私和获取特权变得更加容易"。[42] 甚至放眼全球，较富裕的国家也有这样的传统，利用财富来购买选票，以确保和影响投票决定。[43]

收入不平等的重要性日益凸显，公共决策者仍在努力解决这一问题。至少存在三个关键问题，使有关收入不平等的争论变得复杂：第一，不平等似乎困扰着资本主义和非资本主义经济体；第二，即使在市场资本主义国家内部，不管是"左倾"的税收和支出再分配政策，还是"右倾"的低税收政策，都没能遏制住不平等加剧的趋势；第三，决策者对于优先减少绝对不平等还是相对不平等没能达成一致。这些角度中的每一个都值得考虑。

首先，人们越来越认识到，市场资本主义这只"看不见的手"无法防止或补救收入不平等。同时，中国等国家可以通过政策来减少收入不平等。美国这个世界上最大的经济体，GDP高达16万亿美元，以市场资本主义为经济立场，以自由民主为政治方针，也有收入不平等问题。据估计，美国不平等程度为46.1（以基尼系数计算），而中国为42.2。此外，美国的收入不平等在过去10年中有所恶化，而中国的收入不平等却有所改善，因为其政策有意改善收入不平等问题。

然而，即使在发达国家内部，应对不平等的公共政策战略也远未确定。从广义上来说，"左倾"政客倾向于关注绝对贫困水平，认为社会应该为所有公民基本的生活水平提供保障。所以，他们倾向于优先考虑通过（更高的）税收和支出政策来重新分配收入，这一政策旨在缩小收入和财富差距。一般来说，"左倾"干预措施包括提高最低工资或现金转移，目的是确定社会的基本工资水平。芬兰、西班牙、加拿大和荷兰也采取了向公民提供转移支付的办法。同时，更多的"右倾"政策则承认一个社会的相对收入，并以这样一个前提为指导：只要激励富人创造就业岗位、投资经济，社会和收入不平等就可以随着时间的推移而逐渐减小。他们认为，毕竟一个社会最富有的人应该被鼓励去投资和创造就业机会，而他们也确实这样做了，来提高包括穷人在内的社会所有人的生活水平。因此，他们的供给政策包括保持较低的税率。

尽管"左倾"和"右倾"政策都试图消除收入不平等，但收入争论仍未解决，许多国家的收入不平等仍然在持续扩大。

我们有足够的理由认为，绝对收入水平和基本最低生活水平对社会进步的重要性远远超过相对收入不平等本身。在过去几十年里，大多数发达国家的实际工资都在下降，许多衡量生活水平的指数也在下降（例如医疗和教育的成果、质量和获取率），因此我们有更多的理由来关注绝对水平而非相对水平。

社会流动性或许变得比以往更加重要。它历来是改善收入不平等的关键，但在过去几十年里，社会流动性也有所减弱。比如在美国，过去30年，出生在底层（25%）的人进入最高层的概率减少了一半。此外，如果出生在最低的20%，你只有5%的机会在没有大学学位的情况下进入前20%。如果不解决社会流动性问题，就不可能解决收入不平等问题。

全要素生产率大约解释了为何有的国家的经济在增长，而有的国家的经济却陷入停滞。全要素生产率是一个"包罗万象"的概念，它涵盖了几乎一切内容，从一个国家的现行法治和透明度，到衡量一个国家将其关键的生产要素——资本和劳动力——转变为经济增长的技术指标等。为了便于衡量，"纯"

生产率用于指代每名劳动者的一个单位产出，即总产出除以职工人数。因此，如果一个国家能够通过雇用较少的劳动力来产生与另一个国家相同的单位 GDP 产出，就被认为纯生产率相对较高。

在全球范围内，生产力在过去 10 年中一直在下降。2014 年全球劳动生产率为 2.1%，低于金融危机前 2.6% 的水平，远远低于新兴经济体 4.4% 的平均水平。[44] 随着时间的推移，生产率的下降是按国家分列数据的一个过程，按国家分列的数据都证实了生产率下降的情况。正如《外交事务》报告的那样，"在 20 世纪六七十年代，G7（七国集团）经济体平均每年每小时工作产出增长 4.4%"。在金融危机之前的 20 年里，这一比例暴跌至 1.8%，到 2015 年下降到 0.4%。[45] 同时，发展中经济体的生产力水平仍然远低于发达经济体。发达国家在过去 25 年中经历了明显的下降，而许多快速发展的国家通过创新和采用新技术，显著提高了生产力。事实上，过去几十年来，几乎全球生产率的所有增长都来自中国。但即使在中国经济中，生产率也开始停滞。中国的生产率增长从 2007—2012 年的平均 9.5% 放缓至 2014 年的 7%。[46] 同样地，巴西的生产率增长也明显下滑，从 2013 年的 1.8% 下降到了 2014 年的 0.3%；而俄罗斯的劳动生产率增长也从 2013 年的 1.5% 下降到了 2014 年的 0.4%。这一趋势违背了人们的预期，即新兴经济体仅仅吸收和采用工业化的西方国家的技术和创新，就能在生产力方面实现巨大的提升。

3. 增长的逆风

2008年金融危机之后，英国几乎每个行业的生产率都有所下降。自2008年初大萧条开始以来，英国劳动生产率增长持续低迷——较危机前的趋势下降了15%。在战后时期，英国劳动生产率平均每年增长2%～3%。[47] 英国《金融时报》的结论是，"律师、会计师和管理顾问处于英国生产率问题的核心"。自2008年以来，生产率下降的1/4显然可以归因于这些"专业服务"。仅专业服务、电信和计算、银行和金融、制造业四个行业就贡献了停滞的主要部分。[48]

英国央行首席经济学家安迪·霍尔丹强调了生产率的重要性，他曾表示，英国如今的财富是1850年的20倍，其财富增长的90%来自生产率的提升。然而，他也意识到英国现在的生产率一直在下降，他还注意到，多达1 700万的成年人仅拥有相当于小学儿童水平的数学技能。这种技能不足每年可能带来高达200亿英镑（300亿美元）的经济损失，只有注重培训和提升技能才能改善。[49]

扭转生产率下降的颓势，对于解决目前世界各地的经济低迷问题以及扭转停滞局面至关重要。然而，面对生产率的急剧而持续的下行，如何解决和扭转则是经济领域的一大难题，尤其是在生产率是否真的下降这一观点上似乎还存在分歧。

对于生产率是否真的下降这一说法，至少有两种观点不太看好；另外两种乐观的、看好的观点（主要是围绕经济测量）则认为生产率并没有下降，事实上反而有可能还在增加。首先，在悲观一方，分析人士认为，发达经济体结构的根本性转变，如从制造业向服务业的演变，使生产率下降。从事服务业的人数在大幅增加。鉴于服务业在美国经济中比重最大，"结构性改变"（劳动力从制造业向服务业的转移）是一个显著问题。本质上，由于发达经济体已经从制造业主导转向服务业（这一领域尚未完全受到技术的影响，每单位产出仍由更多的人力来完成），这种转变正在拉低生产力。

服务业占美国私营部门GDP的近80%，2009年为9.8万亿美元。2010年，服务业占美国私营部门就业的84%。服务岗位的比例一直在稳步增长，从1970年的64%（4 610万个就业机会）增加到了20世纪90年代中期的76%（857万个就业机会），到2010年已经增加到了84%（11 212万个就业机会）。相反，制造业和农业都经历了经济缩水，从战后时期占就业总人数的33%下降到2009年的12%，最终下降到2013年的8.8%。截至2015年6月，全球财富总额的63.5%来自服务业。[50]技术研究学者亚当·泽麦认为，"自18世纪末以来，制造业一直是增长的主要引擎"。然而，截至2009年，服务业的总估值已经占发达经济体GDP的70%以上。[51]这与新兴市场不同，在新兴市场，农业（以及中国等较大、较发达新兴国家的制造业）对GDP的贡献最大。

如果把生产力看成一个数学问题，生产率就等于总产出除以劳动人数，我们可以看到，今天的制造业拥有的劳动人数已经相对较少。随着分母减小，生产率比率也随之增大。相比之下，尚未完全受到技术影响的服务部门，分母则越来越大。

劳动人口众多拖累了生产率的估值。即使是去餐厅吃饭这样一个简单行为，也意味着一般客人会遇到迎宾服务员、桌前服务员和至少一名用餐服务员，这还不包括经理、厨师、勤杂工和其他在幕后工作的人。显然，这与现代化的、基本自动化的工厂车间相去甚远。今天的制造业不仅比服务业更自动化，而且相对于生产率较低的服务部门对经济的贡献也更小，从而拖累了整体生产率。

除了这种结构性改变的论点以外，人口结构的转变也解释了生产率下降的原因。老龄化的劳动力群体拥有更多的技能和经验，而年青一代劳动力整体技能较低、经验较少、资格不足。因此，需要更多的劳动人口来产生相同数量的单位产出，从而导致生产率下降，并损害了增长。

这一观点与经合组织的报告相吻合，即美国下一代的受教育程度将在历史上首次不如上一代，在经合组织统筹的国际学生评估项目中，他们在数学、阅读和科学等方面的表现也有所下降。事实上，西北大学的罗伯特·戈登预测，全球生产率将呈下降趋势。戈登考虑到了一系列影响生产率的因素，包括人口和技术，并得出结论：生产力已经在 20 世纪中期达到顶峰。他接着表示，世界上最后一次真正的生产力提高是 19 世纪电力的出现，以及随后的电力在传统商业和民用中的创新。

戈登解释道，增长放缓与提速的时期与三次工业革命的时间节点有关：由铁路和蒸汽带动的第一次工业革命；由电力、石油、电信和卫生驱动的第二次工业革命；由计算机和移动通信引导的第三次工业革命。戈登认为，第二次工业革命是这三次革命中最重要的一次，也是1890—1972年生产力快速增长的基础。他认为，在后来的25年中，生产率的增长有所放缓，1996—2004年又由于数字技术的推动迎来了短暂的复苏。[52]

尽管有令人信服的证据表明，生产率正在下降，但也有人提出了两种相对乐观的观点，认为生产率并没有下降，实际上反而在上升。这两种观点都倾向于生产力在一开始就被误判了，并围绕这一前提展开。特别是，正如我们在第一章中看到的，一些人认为，GDP指标没能充分反映出技术带来的质量和数量方面的收益，而这些本应反映在生产力的提高上。

人们可能会注意到各行各业的技术提升，而这些无法在GDP的数字中体现出来。许多人认为，技术提高了生活水平，但并没有实际影响到GDP。例如，维基百科的贡献者并没有报酬，但维基百科肯定提高了用户的生产产出。所以，在生产率计算中，分子的数量低于实际应有的水平。

还有一个时机问题。那些认为单位劳动力产出正在增加的人指出，目前的GDP有一个内在的时间滞后，它忽视了或者至少没有充分认识到技术的积极影响。就像工业工厂，以及整个社会，它们需要时间来接纳和吸收电力带来的好处、它的规模和影响范围等。同样，全球经济还没有完全接收和消化社交媒体等技术创新带来的精确到每一美元的价值，而这一价值是相当可观的。目前，这意味着"乐观派"认为生产率数字，或者说 GDP 估值因为人为因素而偏低。

当然，如果服务业的自动化达到制造业的规模，就会以类似的方式削减工作岗位。这不仅是意料之中的，而且从许多方面来看已经在进行中。劳动力数量的减少实际上会提高生产效率。但矛盾的是，总体来说还是会对长期增长产生负面影响，因为生产率的提高不足以抵消失业率上升付出的代价。越来越明显的是，决策者可能面临就业和提高生产率之间的权衡。

所有争论都是围绕生产力展开的，在过去 10 年中，生产率显然下降了不少。即使误判和低估生产率的观点有一定道理，这些误差也难以改变生产率总体下降的事实。

生产力低迷和减速对经济增长的影响十分恶劣。根据麦肯锡的一份关于全球增长的报告：

> 即便生产率保持过去 50 年间 1.8% 的（较快）年增长速度，未来 50 年间的 GDP 增长率也将下降 40%。这比最近 5 年经济衰退恢复期的增长还要慢。1964 年后的 50 年里，世界经济的规模扩大到原来的 6 倍，但预计 2014—2064 年只会扩大 3 倍，这将加大履行社保义务和偿还债务

的难度。为充分弥补就业增长减缓造成的缺口，生产率增长需要加快 80%，达到每年 3.3% 的增幅。[53]

创造和保持经济增长是我们这个时代面临的决定性挑战。但从沉重的债务到分配不当的资本，从人口结构的变化到飞速发展的技术进步，从收入不平等的扩大和生产力的下降，再到自然资源短缺以及随之而来的环境恶化，增长面临着前所未有的逆风力量。在我们制定出可靠且可持续的发展战略来加速经济增长之前，我们也无法解决当今世界最棘手的问题（无论是在医疗、教育、气候变化方面，还是在发展方面）。

每一股逆风力量本身就是一个重大挑战，它们合在一起会带来巨大的威胁（包括瓦解全球化体系、提高贫困率、降低生活水平等），带来一批数以亿计的失业和半失业大军，这只能依靠政府救助。这些资本、劳动力和全要素生产率方面的所有不利因素，其严峻艰险和汇聚效应是前所未有的，也会给全球经济增长带来前所未有的潜在恶劣影响。克服这些困难，需要采取有远见的策略，在长远范围内更有效地分配资源，短视的政治决策只会徒劳无功。

事与愿违。我们现在的决策正与其背道而驰，即越来越倾向于短期。在经济增长平平、持续低迷的当口，公共政策似乎正在进一步将我们推向经济动荡。

金融危机之后形成的保护主义浪潮就是一个例子。全球化及其核心内容（货物与服务的全球贸易、跨境流通以及处于经济进步前沿的私营部门）一直是战后一个时期内经济增长的主要来源。正如下一章将要讲到的，一个孤立主义世界预示着一个危险的未来。

4
误入保护主义"歧途"

大约 60 年前，机械工程师基思·坦特林格辞去了副总裁的工作。他辞职的这家公司位于华盛顿的斯波坎，主要生产卡车拖车。他开始动手改进集装箱，当时建造的集装箱有多种尺寸，吊车无法吊起，也无法轻易运输到卡车和火车上，还不能堆叠得太高，生怕海上的巨浪会将货物从船上颠簸出去。他设计建造了一种更好的箱子。

坦特林格做的事情其实很简单：他发明了一种角件机制，将集装箱锁在一起，使堆叠变得容易。他的这一创新带来的成果是巨大的：数百万艘船舶现在搭载了数千万件集装箱的货物，将它们运送到全球数以亿计的消费者手中，这一切都要归功于坦特林格的设计。正是坦特林格这样的创意和创新，才开启了全球化的历史。它提醒我们，尽管今天的经济全球化已经势不可当，但它萌芽于许许多多或大或小的事件，每一事件都发挥了不可或缺的作用，使我们的生活更加紧密联结，使我们生活的世界越来越全球化。

经济学家约翰·威廉姆森于 1990 年编纂的《华盛顿共识》就体现了全球化的要义。[1] 威廉姆森的重点是货物与服务的自由贸易、跨境资本流动、人员流动以及私营部门作为经济引擎的突出地位。这些成为 25 年来经济政策的金科玉律。

英国脱欧和 2016 年唐纳德·特朗普当选美国总统，是对"华盛顿共识"的巨大挑战。今天全球化受到的质疑与批评大都认为，全球化只是让少数人富了起来，而将更多的人甩在了后面。提出这一观点的人频频主张全面放弃全球化，使国际议程的存在饱受威胁。

对"华盛顿共识"的这一威胁由来已久。今天的政客们正在为几十年来权宜变通而采纳的短期决策买单，这些决策与全球化的要义背道而驰。虽然过去几十年来，政客们一直在倡导开放的贸易政策，但实际上，与真正的自由贸易相比，立场偏向保护主义的贸易和移民政策还是占了上风。这种变通了的全球化未能创造公平的增长，使经济停滞不前，还让数百万心怀不满的选民迁怒于政客，民众将不断恶化的处境归咎于全球化本身。

国家的主要领导人没有让全球化的处境更加艰难，转身投入了孤立主义的怀抱。曾经信奉全球化的领导人，以及站在孤立主义平台上的新领导人，正通过提高贸易关税来保护本地产业，同时加强移民管制保护劳动力市场，促进国内就业。然而，这种新的短期思维进一步损害了经济长期增长。

历史表明，当发达国家走上保护主义政策的道路时，即使这种政策将导致更大的孤立主义，其他国家也会被迫效仿。全球化面临巨大的瓦解风险。本章将试图厘清保护主义对贸易、资本流动和移民的影响，并揭示短视的决策者正在构建的一个逆全球化的世界，将会有何等危险。

要了解我们可能面临的命运，就要先探讨全球化在现实中意味着什么。全球化可以被看作一种光谱——光谱的一端是一个完全没有全球化的世界，国家之间彼此完全孤立，而在另一端则是完全的全球化，货物、服务、资本和人在这里都能不受限制地流通。实际上，完全孤立和完全全球化都是理论上的理想化状态，在现实中不可能以纯粹的形式存在。大多数国家一般都处于这两个极端之间，对开放和国际主义采取中庸的态度（一种不那么全球化的管理体制）。

理论上，在完全孤立主义的做法下，政策都会赤裸裸地倾向于保护主义，如限制全球贸易（通过征收更高的贸易关税、实施配额和竞争性货币贬值）、限制跨境资本流通、限制移民等。通过保护就业、提升国际竞争力量的成本来保护本地经济，每种政策都是为了加强本国经济。然而，历史表明，保护主义会导致经济疲软，造成就业损失，并减缓经济增长。最明显的案例之一是20世纪30年代的《斯姆特-霍利关税法》，该关税法提高了近900种商品的进口税率，给就业和GDP带来了灾难性的后果。[2] 对资本的严格和高额要求（旨在使银行更强大）可以大幅限制国际贷款，这严重阻碍了资金的跨境流通，从而限制了对实体经济的投资。这种在国家之间竖起高墙的孤立主义立场最终还是会损害经济增长，降低生活水平。

另一个极端是完全全球化的理想状态，贸易、资本甚至劳动力都能自由地跨境流动，就好像国家边界并不存在一样。这种纯粹的全球化形式建立在比较优势的理念之上——一个国家可以比其他国家更有效地开展特定的经济活动（如生产特定的产品），贸易、资本和劳动力就会流向能够获得最大经济效益的地方。随着每个人都产出了能够最大化比较优势的商品和服务，不仅他们的工资提高了，而且更高的收入让他们有更多的机会从世界各地购买到更多和质量更好的商品和服务。在这一理想状态中，全球化的前景是"人人共赢"，世界各地的公民（无论是身处发达国家还是发展中国家，无论是贡献了劳动还是资本）都获得了可观的经济收益。一些全球化支持者认为，如果这种情况在现实中没有发生，并不是因为全球化概念本身存在问题，而是因为它的实施还不够深入。

相反，占主导地位的反而是部分实施全球化的中间立场。事实上，在目前的条件下能否真正实施全面全球化还不清楚。现实世界处处混杂着反映国家利益和政治私利的双边（而不是全球）贸易协定。尽管可能起到相反效果，但资本流动和移民决定还是由国家当局来掌控的。这种全球化的中间立场是零和思维的直接产物——在关键的政策决定及其执行中，各国非输即赢。它也是决策者短期心态的产物，他们往往看不见代价和后果，忘记了明天将会为今天的决策买单。事实上，决策者正在为没有追求和实施一种更纯粹的全面全球化而付出代价。

从英国脱欧和唐纳德·特朗普当选美国总统来看，全球化并非一帆风顺。数百万人不但没有从全球化的世界中获益，反而身处水深火热之中。例如，生活水平不断恶化，实际工资连年下降，债台高筑，就业机会又少得可怜。更大的全球化和全球贸易、资本、移民的一体化非但没有像承诺的那样"一水涨众船"，反而催生出一批输家，他们对全球化世界秩序的不满情绪已经渗进了政治话语。

几年前，全球化的成功似乎都还是板上钉钉的事。2014年，专家预测，"国际投资和信息流动已达到了新的高峰，贸易的增长速度将是GDP增长速度的两倍"。[3] 然而，仅仅两年后，英国《金融时报》就宣布，"金融、商品和服务的流动有所放缓，从2007年占全球产出53%的峰值下降到2014年的37%"。这证实了在全球金融危机之后，贸易和资本流动遭受重创。虽然早在20世纪90年代，全球化提升了生活水平，并帮助一些发达国家实现了增长，但同时也带来了新的经济问题。就墨西哥和更广泛的拉丁美洲而言，全球化和更开放的市场导致了更多的政府负债、经济衰退和银行业的压力，解决这些问题花费了不少成本，并加速了经济起落的周期。《北美自由贸易协议》向墨西哥开放了贸易，确保该国能够获得资本投资。墨西哥政府得以增加美元借贷。1994 年底，政局不稳导致墨西哥比索贬值，促使其资本外逃，通货膨胀率飙升至 50% 以上。墨西哥所谓的"龙舌兰酒危机"被证明是对全球化和开放自由贸易的风险早期预警。这促使国际货币基金组织重新审视其促进开放资本市场和一体化的努力，也令其他国家开始质疑自由贸易的好处。

随着最近的贸易萎缩和逆全球化，我们已经进入了一个模棱两可的时代。现有指标表明，全球化现在正在放缓，甚至正在减退。DHL（敦豪航空货运公司）全球连通性指数将自身定义为"对全球连通性最全面、最及时的描述……覆盖 140 个国家，涵盖全球 99% 的 GDP 和 95% 的人口。侧重于 12 种贸易流、资本流、信息流和人口流（或者从过去的流动中积累的存量）"。从 2005 年以来的 100 多万数据点来看，这一指数揭示了全球化的某些方面似乎出现了逆全球化。2014 年 DHL 全球连通指数显示，"2011—2013 年，全球化的整体水平增幅十分有限。虽然信息流和资本流在增长，但人口流动保持稳定，贸易互联互通呈下降趋势"。我们看到的可能是第二次世界大战以来全球化总体水平的最大降幅。[4]

在金融危机爆发以前，许多经济学家和政治家的口号是，全球化有利于增长。但现在对于全球化的担忧甚嚣尘上，人们

4. 误入保护主义"歧途"

担心全球化不仅与生活水平的恶化（美国和整个欧洲的实际工资下降，收入不平等扩大）有关，而且还是这些经济病症的催化剂。

因此，随着全球进入低增长时期，政治家和决策者正在寻找应急办法，试图在短期内挽救经济，比如退出贸易协定（就像美国退出《跨太平洋伙伴关系协定》），并征收新的贸易关税。保护主义正在抬头。据全球贸易预警组织报道，美国主导的G20在2015年对其他国家实施了644项歧视性贸易措施。在加强对银行的资本管制之后，跨境资本流动一直在减少。

以上许多措施都威胁到了长期经济前景。糟糕的政策又导致了稀缺资源的分配不当。这不仅对长期的GDP产生了负面影响，而且在短期内扼杀了经济增长，加剧了政治不稳定，进一步阻碍了急需的投资。

这些现象恶化了经济增长，旨在获取短期收益的追加政策又十分糟糕，只会使周期恶化。当我们试图克服阻碍我们实现增长的不利因素时，我们必须要避免错误的解决方案，这些方案（有时是好意）是想将我们从混乱中解救出来，但最终却把我们推向混沌边缘。

对全球化日益高涨的不满情绪不容忽视。这些担忧并没有错；随着国际化势头的增强，许多人已经失去优势，落在了后面。全球化已经悄然兴起，数百万新兴市场农民被排除在自由贸易区之外，许多劳动者，尤其是发展中国家制造业的工人，工资都有所下降。保护主义、数十亿美元的项目，如欧盟共同农业政策（每年不到 400 亿欧元）和美国的农业补贴（每年约 200 亿美元），都以牺牲新兴经济体为代价来支持本国的生产商。这些不公平的贸易做法不仅与全球化的理想背道而驰，而且对南美洲、非洲和亚洲农民的收入和生活水平产生了破坏性影响，他们无法与享受补贴的西方竞争对手抗衡。其结果是，可用于新兴经济体基础设施急需投资的贸易收益大幅下降。这又会导致占据世界人口 80% 以上的整个发展中国家阵营的增长减缓。

发达国家围绕农业的保护主义是全球化折中的一个例子。本质上，如前文提到的，这些缺点与其说来自全球化，不如说来自全球化的不完善。人们对全球化的担忧是有道理的，然而，他们的担忧并不在于全球化本身，而在于全球化现在这种不伦不类和扭曲偏离的发展模式。换句话说，他们认为他们是在反对全球化，而事实上他们反对的是一种不完整和不纯粹的全球化形式，通过这种形式而受益的人太少。当然，也有一些发达经济体和发展中经济体的人从全球化中得到了好处，但社会中的大多数人（如发展中国家的农民以及西方从事制造业和工业的工人）的境遇在越来越国际化的环境中变得更差。

芝加哥大学的一项研究结果更加坚定了那些认为全球化好处有限的人的决心。在一份题为"资本主义的未来是什么？"的报告中，芝加哥大学教授路易吉·津加莱斯将他说的前全球化时期（1950—1980 年）和 1980—2007 年全球化时期的发达国家和发展中国家的经济增长表现进行了比较。正如津加莱斯揭示的，法国、意大利、日本和瑞典等发达经济体在全球化时代都出现了衰退，经济增长没有明显进步。研究表明，在宏观层面，只有大型新兴市场经济体受益。其中包括印度和中国，印度从2%增加了近一倍，达到3.8%，而中国从前全球化时期的3.2%上涨到了全球化时期的8.8%。

过去35年的发展为大范围工资上涨打下了基础，但绝大多数人都没能从这些经济获益中分到一杯羹。实际工资受到影响，连累了发达经济体以及世界各地许多劳动者的生活水平。比如，2000—2009年，德国的实际工资就下降了4.5%。[5]而且，根据经济政策研究所的数据，"自1979年以来，尽管实际GDP增长了149%，净生产率增长了64%，但绝大多数美国劳动者的时薪还是停滞不前甚至有所下降"。[6]2015年皮尤研究中心调查指出，"在除去通货膨胀的影响因素以后，今天的平均每小时工资购买力仅和1979年持平，在经历了20世纪80年代和90年代初期的长期下滑以后，一直起伏不定，增长反复。事实上，按实际价值计算，平均工资在40多年前已经达到峰值：1973年1月的每小时4.03美元的工资，购买力相当于今天的每小时22.41美元"。[7]无论这些趋势背后的原因是什么（就业岗位转移到了成本更低的国家，抑或是自动化取代了人力），它们都催生了保护主义和更加激进的逆全球化主张。

尽管有很多实在令人沮丧的结果，让人高唱反全球化的论调，但这些缺点归根结底并不是理想全球化本身带来的，而是决策者近几十年来实施的低级全球化导致的。这是一种"降级"的全球化。

考虑到这是一种令人不安的政治预兆，当今的政治家和决策者对选民的全球化不满情绪做出回应也是可以理解的。但令人遗憾的是，在全世界范围内（不管是新兴经济体还是发达经济体）的政客都转而选择了一种糟糕的政治和经济模式，这些模式提供了速赢的机会，但长此以往肯定会损害经济增长、增加贫困，也会引起更大的政治和社会动荡。他们的政策选择非但不能弥补全球化的短处，反而会让这种低级的全球化模式根深蒂固，使经济陷入更高的壁垒和更低的增长。

1933年3月4日，富兰克林·罗斯福在首次就职演说中表示："我们的国际贸易关系虽然十分重要，但在时间性和必要性上必须从属于健全国民经济的任务。"罗斯福的保护主义做法在政客中很常见，因为他们的经济面临压力，他们自身也感到压力，因此要采取行动。保护主义立场似乎很有吸引力，甚至在近期内是可以理解的。这样的做法似乎可以在经济低迷的周期中保护就业。但从长远来看，这不仅会损害国家经济，还会削弱全球增长。现在，以不协调和单方面的方式，按国家逐一拆解我们的全球化经济，对贸易、资本和劳动力都会产生破坏性影响。

当然，自2008年全球金融危机以来，贸易作为全球化的核心支柱已经恶化。各国都设置了贸易壁垒，不参与新的自由贸易协定，以避免本国经济受损，数十亿美元被封锁，难以注入全球商业。许多国家为了支持本地生产商，正通过征收关税和实施配额来提高进口商品和服务的价格。欧盟不仅实施了关税、配额，还实施了出口禁令（从香蕉到稀土无一幸免），这给全球贸易设置了重重障碍。已经有相当多的证据表明，全球贸易正在减少。2013年，世界贸易组织修订了对全球贸易增长的预测，从4.5%降至3.3%，比过去25年平均增长5.3%的水平大幅下降。据《金融时报》报道，"自2009年以来，全球商品交易总额在2015年出现最大跌幅，全球金融危机的影响达到顶点"。[8]

但是导致这一情形的不止赤裸裸的保护主义。宽松的货币政策，如量化宽松和超低利率削弱了本币，使一个国家变得更具贸易竞争力，但牺牲了其贸易伙伴。在所谓"以邻为壑"的做法中，其他经济体也会采取同样的做法，以期通过增加全球对其商品的需求和减少国内对进口的需求来提升竞争力。一个国家试图以损害其他经济体的方式来解决自身经济困境，这种以牙还牙的政策应对措施最终会使全球经济受创。

当然，全球贸易的这种紧缩不是什么新鲜事，它是对经济困难的一种司空见惯的反应。正如我们看到的，美国《斯姆特－霍利关税法》就是这种保护主义情绪的典型案例。根据美国经济分析局的数据，通过对进口到美国的3 200多种产品征收60%的实际税率，《斯姆特－霍利关税法》完成了令人印象深刻的举措，使 GDP 下跌 470 多亿美元，从 1929 年的 1 460 亿美元降至 1933 年的 577.2 亿美元。同样短视的政策在当时的西方国家屡见不鲜，在那个动荡不安的时期，经济增长受到了限制。然而，这种政策在今天仍然具有吸引力。截至 2016 年，美国已将从中国进口冷轧钢材的关税由 266% 提高到了 522%。[9] 受美国贸易保护与关税相关的商品还有回形针（约 130%）、花生（16.8%）和烟草（350%）。[10] 虽然其目的是保护本国人民的经济福利，但一个国家的贸易关税堪称自由市场思维的"毒瘤"。尽管短期内可能具有一定的政治吸引力，但从长期来看，它们往往会损害经济增长。

现在这种向保护主义的倾斜只是一系列短视决策中最新的一项，这些决策始于全球化初期，并将继续破坏全球化。首先，领导人浪费了贸易带来的暴利，未能投资促进经济增长的长期项目。20 世纪 80 年代，具有远见的美国政客会大力投资基础设施、学校建设和技能培养，以期在赚取全球化财富的基础上，打开经济的新局面，从而避免工资和就业下降。然而，这些却都没有发生。

其次，西方国家政府没有废除保护农民的保护主义政策，而是继续发放农业补贴，并试图用数十亿美元的外援资本流入来补偿新兴国家的收入损失。然而，这种外援会带来灾难性后果，深化腐败，导致通货膨胀，扼杀出口业，助长政治派系，而且使被援助国家产生依赖性。此外，美国还向中美洲国家提供低息贷款,尤其支持他们贷款购房。这些债务计划(特别是由房地美和房利美经手的)给人们带来了一种错觉:即使他们的工资在下降、债务在增多,他们的生活也在改善。这些债务正是导致金融危机的直接原因,到今天还有许多人没有摆脱它的影响。从长期来看,工资下降与负债上升都影响了经济增长。

最后,尽管出现了全球秩序,但国家利益仍然高于一切。今天的全球化形式是一种没有人对全球经济利益负责的形式。为实现真正的全球化,各国政府需要将实权让渡给国际组织。确实有这样的国际组织存在,如世界贸易组织应该主持贸易,而国际货币基金组织则负责监管国际资本流动。但即使是这些机构,也要对其成员国负责,甚至会被各国政府的政策议程取代,因此难以执行惠及所有人的真正的全球议程。

当政者,尤其是那些选举周期较短的政客,迫于压力会不断竞争,以赢得下一次选举,他们不可能将权力和权威让给超国家机构。于是,问题就变成了在不放弃整个全球化议程,并且允许各国更加倾向保护主义的前提下,决策者能否采取行动来降低全球化给那些"输家"带来的损失。换句话说,在全球化"降级"的世界里,公共政策能否减轻"输家"付出的代价?历史表明,政策的作用并不乐观。

这种贸易保护主义的新浪潮建立于在发达国家扎根了几十年的现象上。即使在经济最好的时期,美国(通过其农业补贴计划)和欧洲国家(通过共同农业政策)等也会实行贸易保护主义。这在一定程度上解释了为什么尽管美国一直在鼓吹自由市场经济和资本主义的优点,但仍被弗雷泽研究所的经济自由指数列为世界上第 16 位经济自由的国家。

被保护主义包围的不仅有贸易,资本也面临着自由流动的新障碍。资本是投资于有形厂房、设备,以及诸如公路、铁路、港口和工厂等基础设施的资金——所有这些都是增长的关键。所有国家,极其贫困的国家除外,都依靠资本流入来为经济增长和发展提供资金。就目的而言,除外商直接投资外,资本流动还包括短期付款和现金流。它指的是,比如,用于不同国家股市交易的对冲基金,或国际公司用来跨境支付工资的转移现金。

最近,流向新兴经济体的资本一直在减少。2015 年 10 月,国际金融研究所报告,自 1988 年以来,从新兴经济体流出的资金将在 2015 年首次超过流入的资金数量。更糟糕的是,预计只有约 5 500 亿美元的外商投资资本流入新兴国家(2007 年达到了接近 1.2 万亿美元的峰值),2015 年流向发展中地区的资本甚至低于深陷于全球金融危机中的 2008 年和 2009 年。[11]

近年来,在经历了一段时间的宽松政策以渡过金融危机后,大部分流出发展中国家的资本都是为了应对美联储收紧的货币政策。2013 年夏天缩减量化宽松造成的"缩减恐慌",以及随后对加息的疯狂猜想,导致了资本撤退。2017 年 2 月,国际金融研究所报告,流向新兴市场的资金仍然持平,约为 6 800 亿美元，外商直接投资面临高下行风险。金融市场对美国加息的预期是导致流向新兴市场的资本疲软的一个因素，因为投资者期望从一个更高的利率环境中获益。然而，整个发展中世界经济增长乏力的状态也使资本回流的机会减少，不利于资本流入。随着经济增长前景的持续黯淡，流向新兴经济体的资本疲软可能会带来长期的更大的损害。阿根廷、巴西、哥伦比亚、印度、印度尼西亚、墨西哥、南非和土耳其等国家是世界上最大、最具战略意义的新兴国家，而它们每年经济增长的速度才 3% 甚至更低。更糟糕的是,国际货币基金组织 2014 年 10 月发布的《世界经济展望》表明，世界将不会重现 2007 年之前的增长率。[12]这种低迷的经济背景暗合了资本流入的疲软。根据澳大利亚储备银行的数据，过去 10 年来，金融系统的资金流动一直停滞不前。以美元计算，自 2007 年中期以来，G20 经济体之间的跨境资本流入下降了近 70%。[13] 最终,经济增长缓慢会导致投资减少，进而使增长更加缓慢。

外部因素并不是拖累资本跨境流动的唯一因素。助长了对贸易保护主义的热情之后，公共政策在资本流动问题上也明显地转向了保护主义。资本管制（尤其是发达国家的），特别是金融危机以后对银行和其他大型金融机构实施的资本管制，有效地提高了高风险贷款的成本。这不同程度地影响到了新兴经济体。发展中市场内的保护主义倾向使这一问题日益严重。在印度、巴西、塞浦路斯等地，跨境资本流动遇到了瓶颈。例如，

2013 年，塞浦路斯成为第一个实行资本管制的欧元区国家，信用卡交易、取款和海外转账都受到限制。所有这些政策都是为了防止资本外流。尽管两年后就取消了这一资本管制，但许多经济学家还是把塞浦路斯的资本管制措施（以及国际货币基金组织和欧盟等国际组织对这些措施的默许），视为逃离统治全球经济长达 30 年的全球化议程的一个转折点，它表明对逆全球化的支持在日益增加，即使只是出于短期的再平衡原因。

资本流动是一个经济体的命脉，而它正在放缓，这不仅是全球增长前景恶化背景下投资决策影响所致的。也是政府有意采取保护主义政策的结果。所以，新兴国家的经济增长继续停滞不前也就不足为奇。尽管对资本流动采取保护主义措施是出于 2008 年金融危机后决策者希望巩固和加强金融基础设施的考虑，但这些措施还是无意中减少了用于投资的资本，拖累了经济增长。各国通过对自身实施额外的资本管制来应对其他国家的政策，这种做法无异于雪上加霜，进一步限制了跨境投资，使全球增长进一步下降。

全球化议程旨在通过放宽商品和服务贸易、资本流动和人员跨界流动，使各国一体化。尽管最近有所缩减，但过去 30 年全球化在前两项上都取得了一定的成效，而人员流动方面要逊色许多。如果说 2016 年英国脱欧公投以及反对移民的特朗普当选美国总统传递了什么信息，那就是各国政府似乎正在进一步远离全球化的愿景。2015 年欧洲发生的难民危机说明，尽管人

4. 误入保护主义"歧途"

员流动是全球化议程的一个重要支柱，但它从未完全融入全球制度。制定移民政策仍然是个体民族国家的职权，不能通过跨界来协调，导致出现人员流动大的混乱局面，并最终爆发危机，就像 2015 年一样。

自 2015 年以来，流落到欧洲的 100 多万难民仅占因战争或迫害而流离失所的 6 500 多万人的一小部分。这是有史以来的最大数字。

在这么严重和混乱的情况下，目前的难民危机是历史上第一次需要由欧盟出面安置这么多洲外移民，其中包括来自利比亚、叙利亚、伊拉克和阿富汗的新移民。

尽管劳动力质量和数量是所有典型经济增长模式的关键投入，但在移民问题上仍然没有全球统一的适应国际框架、机构、规则和法规的办法，这些国际框架、机构、规则和法规以贸易和跨境流动的方式掌控着资本，通过传播思想来驱动生产力。劳动政策仍然是个体民族国家的职权范围，国家之间的做法往往差异很大。例如，加拿大和澳大利亚根据积分制度（对学业成绩、工作经验等给予权重）做出移民决定，而美国对新移民则没有那么透明的评级制度。

缺乏全球统一的移民办法是一种保护主义形式，而这有损于经济增长。根据国际劳工组织的数据，全世界约有 7 340 万 18~24 岁的失业青年。西方国家（以及日本）面临着日益严重的老龄化人口动态。而在其他地区，多达 70% 的人口年龄在 25 岁以下,当你把这种年轻化的趋势与西方对比时,全球劳动力失衡的问题就更加凸显。[14] 将劳动力从富余国家调配到短缺地区可以缓解这一不平衡。面临劳动力短缺的国家已经通过外籍劳工计划和专项签证来吸引劳动力,单方面叩开全球人才库的大门。然而,这些单方面的做法可能效率低下,因为它们对劳动力的流动设置了上限,从而未能充分利用人才库。一项旨在实现最优移民水平的全球政策可以将全世界的人才充分"变现"。

这种主张是有争议的。关于移民问题的争论因两个因素而变得复杂:第一,移民对不平等的影响;第二,移民与国家资助的福利制度之间的联系。移民增加了劳动力储备,从而降低了劳动力成本。因此,对那些希望雇用更廉价的劳动力来从事照顾儿童和老年人、建筑施工等工作的大型企业和较为富裕的个体单位来说,移民是有吸引力的。但低收入劳动者往往认为移民加剧了对有限岗位的竞争,会使自己的收入下降、生活水平下滑。一般来说,低技能劳工在移民人口中所占比例越大,工资的下行压力就越大,进而加剧了收入不平等。然而,美国的一项研究发现,移民对收入不平等的长期影响微不足道,基尼系数的变化不到半个百分点。同样,英国的研究发现,移民对工资的影响也很小——大约每小时两便士(每年 40 英镑)。与此同时,当地公民还担心,开放的移民政策会给政府提供的福利和就业带来不小的压力。加入这个国家的人数多于离开的人数,人们担心国家福利制度会面临压力,尤其是在新来者找不到工作的情况下。在经济增长低迷、增速下降的环境下,随着经济逆风的日益强劲(人口增加、收入不平等加剧、国家债务负担加重),对移民增加的担忧变得更加强烈,当政者难以忽视。

不过,当公众对移民影响的看法开始偏离现实时,当政者也不会无动于衷。当移民混乱遇上收入不平等扩大、福利制度不可持续、无法支撑人口的不断增加时,这些因素合在一起就会拖累增长。

本章展示了决策者如何设置新的贸易和资本壁垒。劳动力方面,我们将从一个不那么融合与协作的局面出发,也会回溯前文,不管是英国脱欧还是特朗普的提案。实际上,全球低增长时代的焦虑正在逐渐消磨促进跨国就业方面哪怕是最微小的努力。从经济增长的三大关键驱动因素(资本、劳动力和生产力)在全球化方面的表现来看,人们普遍认为,资本和思想(内含在生产力中)的流动还算差强人意。相比之下,人员的自由流动则充满了社会、文化和经济阻力。

2012年,《纽约时报》刊登了一篇特别报道,描述希腊普通民众在大萧条中的真实生活:"自2009年以来,已经有1/4的希腊公司倒闭,一半的小型企业表示已经发不出工资。2011年上半年,希腊的自杀率上升了40%……25岁以下的人口中,近一半都处于失业状态。"[15]该报道作者总结道,"希腊正在经历现代西方国家从未经历过的事情"。

当时,反对其经济崩溃、紧缩和全球化的示威活动热情高涨,但却在很大程度上被视为一种边缘观点。始于2008年的全国各地的骚乱和抗议活动到2017年仍在继续。如今,英国脱欧和特朗普当选都告诉我们,这些情绪(曾经可能一度被隐藏的情绪)现在成了政治争议的核心。到底是债务还是全球化,抑或是两者都有,造成了希腊的经济灾难,已经不重要了。这些抗议活动代表了对全球化以及欧盟和国际货币基金组织等在国家范围内强加全球政策的国际机构的彻底反对情绪。示威活动不仅仅是为了改善公共管理。从微观层面来看,希腊面临的紧缩令人反感,一部分原因是它被外国(全球)管理规则认为是必要的。同时,从宏观层面来看,希腊的人均GDP从2008年的32 000美元下降到了2015年的18 000美元,除2014年的少许微弱增长外,自2008年第四季度经济萎缩以来,希腊经济一直在收缩。该国债务占GDP的比例已上升到近180%,是其所在地区负债率最高的国家之一。希腊生活水平严重恶化,45%以上的年轻人失业,1/3以上的总人口面临贫困或社会排斥的风险。

对今天的许多决策者来说,担心自己的经济被外部势力控制,成为"另一个希腊",使他们转而寻求保护主义政策的捷径。从长远来看,这些政策可能会抑制经济增长,引发更多动荡。贸易保护主义、资本流动减少和移民限制都有可能减少推动增长所需的投资。

4. 误入保护主义"歧途"

第一，一个明显更加孤立的世界（更高的贸易壁垒和更严格的资本回调限制）将使企业采用更加本地化的商业模式，而减少全球化商业模式。实际上，企业更有可能采用联邦结构，依靠地方和地区资本，靠主要金融中心集中经营的可能性较小。这一变化将大大改变企业集资、统筹成本以及看待长期增长计划的方式。

第二，一个保护主义更加激进、逆全球化情绪高涨的世界对通胀会产生重大影响。通胀一般可分为两个阶段：一是短期通缩，二是长期通胀。通货紧缩是保护主义的自然产物，因为它通过减少贸易来冷却经济活动。经济增长放缓、全球需求减少已经使各种商品和服务的价格降低，抑制了通胀。这一趋势从那些以石油、铜和铁矿为材料来源的商品中最能察觉。随着全球需求的疲软，价格已经大幅下跌。除低能源成本外，工资增长缓慢、增幅下降，以及资本（货币）本身的实际价格［反映在货币价格（利率）的下跌上］都是当前通货紧缩的体现。

日益上升的保护主义趋势只会强化 2008 年金融危机后已经出现苗头的通缩趋势。例如，2016 年 6 月以前的 12 个月里，有 5 个月出现零通胀或者负通胀。截至 2016 年 5 月，美国通胀率仅为 1%。早在 2009 年，就有来势汹汹的通胀预警，但即使是在历史最低利率（徘徊在 0 附近）的 7 年后，而且在欧美实施大规模增印钞票的量化宽松计划的情况下，低通胀的持续和黏性仍然大行其道。然而，虽然现行的政策没能刺激通货膨胀，但保护主义可以。

仅贸易关税的提高就会导致进口商品的价格上升。除了这些贸易影响外，经济体相对封闭、劳动力流动减少也可能促使工资上涨。这些趋势交汇在一起将在长期内产生通胀影响。在时间方面，经典的经济学模型估计，从通缩向通胀转变，从繁荣到萧条的商业周期大约是5年。然而，积极的政策干预迄今为止对提价的作用并不大，事实上这些政策干预还与通缩有关，这表明在现在经济自由与不稳定的状态下，传统模式和时机预期似乎失灵了。本质上，尽管价格和全球经济的基本机制仍然占据主导地位，但时间范围已经发生了变化（也许是因为技术的出现使价格下跌了）。因此，这些保护主义的作用仍将发挥出来，只是比以前的周期要慢。

第三，随着全球保护主义倾向的增加，各国政府很可能会扶持一些全国领军企业。这些公司享有监管保护、减税和补贴福利，使它们在本国市场相比外国竞争对手拥有特别的优势。结果就是形成了企业垄断，而非竞争市场，政府成了更大的仲裁人，来决定谁输谁赢。最终，较低水平的竞争使受扶持的公司和行业拥有了更多的定价权，使消费者处于不利地位，也产生了规模更大、效率更低的公司。

很多国家已经开始保护关键产业和公司。2013年，俄罗斯被独立贸易监测智库全球贸易预警评为世界上保护主义程度最高的国家。俄罗斯有45个行业的外国投资须经政府批准，包括金融、能源、广播和出版等。在美国,美国外国投资委员会(CFIUS)也发挥着类似的职能,转向保护主义可能导致其发挥更积极的作用。美国外国投资委员会在 2016 年底上了头条新闻,时任美国总统奥巴马阻止了中国收购一家德国电脑芯片制造商,这家制造商在美国拥有子公司。尽管奥巴马政府解释道,这次行动是出于国家安全考虑,但《金融时报》报道了两党国会议员关于扩大美国外国投资委员会职权的呼吁,要求其采取更加严格的经济利益考核,以防止外资收购美国公司。[16]

更高的资本要求和更严格的资本回调限制必然会限制跨境投资的能力,从而限制企业、国家和全球经济的增长。这些趋势不利于经济发展和进步,会使全球投资和商业在利润和回报方面面临极大的风险,还有可能颠覆股票和债券市场、外汇、大宗商品价格、企业投资决策和全球贸易。如果不加以遏制,将进一步危害全球经济,导致更多的绝望和动荡、冲突、腐败,以及彻底的无力感。

世界各地的民众都很愤怒,并将他们的受挫归咎于全球化。尽管日益恶化的经济现实印证了他们的焦虑,但实际上全球化并非罪魁祸首。公共政策已经倾向于一个"降级"的全球化,并没有给完全全球化一个"一水涨众船"的机会。全球化提升了市场效率,促进了竞争,更均匀地分配了全球财富。这是完全全球化许给未来的承诺。

然而，这一愿景还没有实现，面临强烈抵制情绪的全球公共政策决策者就已经选择了全球化的另一个极端，完全背离了原先理想的全球化。在"出政绩"的压力下，全球决策者都退而求其次，选择了不那么理想的政治和经济模式。本章讨论的趋势，如全球贸易的减少、跨境资本流动阻塞、日益严格的劳动力流动限制和逆全球化等，都昭示了两大主要生产要素资本和劳动力的错配，这不可避免地导致了生活水平下降、地缘政治动荡加剧。它们不仅威胁到了未来经济的增长，还推动了全球经济死亡螺旋的到来。

5
西方民主走到尽头了吗

在肯尼亚，竞选海报已经揭下，投票站也已经关闭。经历了 2013 年大选这场艰难的恶战之后，新总统乌胡鲁·肯雅塔宣誓就职，并准备进行首次重要的外交访问。对新兴国家新当选的领导人来说，这是一次重要的亮相。对他们来说，这次将要访问的国家是前行路上的灯塔、共同致富的伙伴，也是努力效仿的榜样。肯雅塔总统在停机坪上挥手致意，随即飞往中国进行访问。

尽管"冷战"后西方的民主模式受到了更多的关注，但在实现更多、更好、更快增长的巨大压力下，发展中国家走上了一条不同寻常的道路。

对经济进行更多的国家干预，一定程度上可以解决许多困扰新兴国家的经济和人口挑战。它能保证为年轻人带来快速经济增长、大规模减少贫穷、大规模改善急需的基础设施，并解决医疗和教育等社会问题。然而，尽管这种经济和政治模式在短期内带来了诱人的希望，但从长远来看，在制度上还有许多需要完善的地方。尽管成效喜人、立竿见影，但席卷发展中国家的这条繁荣之路，在通往市场经济方面还有改进之处。

当一个国家开始避免私营部门势力过大，而倾向于掌握国民经济的大权，就会导致保护主义抬头、创新受挫，长期来看，增长可能会停滞不前。国家资本主义支持的那种保护主义和上一章描述的对国家领军企业的倾斜会损害增长。国际货币基金组织经济顾问莫里斯·奥伯斯法尔德强调了贸易与经济增长之间的相互关系，并指出，对全球化的强烈抵制"有可能中断甚至扭转战后贸易不断开放的趋势"。[1]

新兴市场正转向这种新的模式，以平定世界各地的社会和政治动荡。矛盾的是，这种模式只会火上浇油。在国家资本主义的主导下，有时会限制创新，进而损害长期经济增长。近年来，这种向国家资本主义的结构性意识形态转变已经在新兴市场中迅速兴起。这条不同寻常的路对渴望经济增长的新兴经济体来说，尤其具有吸引力。

"冷战"结束后的 25 年里，民主蓬勃发展，并蔓延到全世界。随着苏联的解体和柏林墙的倒塌，民主造就了新生的自由国家。这种民主化的趋势无疑是自由主义理想的胜利，与专制价值观背道而驰。这似乎标志着第二次世界大战以来东方与西方、发展中国家与发达国家的对立的结束。英国首相哈罗德·麦克米伦在1960年发表了具有重大意义的演讲"变革之风",在演讲中,他提出了这样的问题:"我认为,20世纪下半叶的一个重大问题,是那些未表态的亚洲和非洲人民将会选择东方还是西方?"历史似乎给出了答案。

然而,如今,生活在新兴经济国家的人口占世界人口的85%,对许多新兴经济体来说,西方坚持将其政治制度作为经济增长前提的那一套理论似乎并不适用。发展中国家的数亿人每天的生活费不到一美元。对他们来说,食物和自由之间的选择就像是迫切需求和仅仅是重要而已之间的争论。这对富裕的西方国家的许多人来说是很难理解的。政治自由是令人向往的,但吃饱穿暖才是首要的。其核心要义是,将温饱排在自由之前,是延缓而非拒绝自由民主制度。毕竟,贫穷国家的人也明白什么是民主、为什么民主至关重要。但回到日常生活的现实,人们更关心的是政府能否提供就业、教育和医疗服务。

西方资本主义模式是不是经济增长的先决条件,现在又成为争论的焦点,因为全世界人民都看到了一种有别于西方经济和政治意识形态的解决方案。越来越多的民众认为,西方资本主义模式并不是唯一答案。中国的发展模式越来越被发展中世界的人认可,被视为一种能够在最短的时间内最大限度地改善生活状况的制度。

有几大因素造成了西方经济模式的不利地位。首先,中国的模式取得了成果。中国实现了创纪录的经济增长,并显著减少了贫困。在短短一代人的时间里,中国使超过 3 亿人口脱贫。这相当于美国的总人口。1970 年,中国中学入学率为 28%,而今天这一数字达到了 94%。诚然,中国仍面临许多挑战,从污染、环境问题、人口过剩到企业债务过剩,很多金融市场交易员担心这种债务过剩可能会使经济脱轨,但谁也不能否认中国的经济繁荣取得了实质进展。据估计,以 GDP 计算,中国目前是世界上最大的经济体,向全球经济注入了数十亿美元的资本投资和贸易额。中国的全球投资估计超过 16 000 亿美元。[2] 出口方面,美国占全球出口的 10.8%,而中国和欧元区的份额分别为 10.7% 和 26.3%。[3]

其次,中国的经济发展表明,有望在不改变经济(或政治)制度的情况下大幅缩小收入差距。正如前几章提到的,美国和中国的基尼系数大致相同。而与美国收入不平等日益加剧不同的是,中国有了显著的改善。例如,中国 2013 年 2 月颁布的收入分配计划明确要求将最低工资提高到平均工资的 40% 以上。它还计划增加教育和经济适用房支出,并要求国有企业为减少不平等现象贡献更多利润。这些政府主导的政策,目的是确保收入不平等程度可以继续下降。然而,一些报告表明,努力的结果有好有坏,在减少收入不平等方面的进展甚至可能有所放缓。

再次,中国大力投资基础设施建设。如今,中国的公路比美国多，在短短 15 年内就建起了密集的公路网，甚至不只是在中国境内。例如，在非洲，中国慷慨地铺设了从开普敦到开罗的大部分道路。在 2007 年皮尤调查中，10 个非洲国家的大多数人认为中国对自己的国家有相当大的影响力，有些国家，超过 90% 的人对中国持有积极的态度。美国传统基金会的中国投资追踪数据显示了中国的影响力。中国通过增加南美、非洲和世界大部分地区的贸易和外商直接投资，并成为重要的资本放款人，在全球声誉卓著。正是中国投资追踪监测到的这些投资和贸易机会，为伙伴国家的基础设施、学校和医疗建设提供了资金。这些可观的投资以及日益密切的贸易关系带来的前景，使许多国家领导人优先考虑与中国政府加强联系。在过去几年里，阿根廷、巴西、印度、俄罗斯、马来西亚和南非等国家的领导人都访问了中国，并承诺建立更加牢固的外交和贸易关系。中国也是美国政府的重要贷款方。

最后，中国实际上一直在坚持为根深蒂固的社会问题提供创新的解决方案。例如，长期以来物流一直是偏远地区消除疾病的主要障碍。在孟买、摩加迪沙或墨西哥城以外行程几个小时的地方，你会发现这里的药品和医疗服务都严重匮乏。通过国有企业的专业运送和运输网络，中国正在帮助向一些世界上最偏远的地方运送药品。在美国的制度中，公共、私营和非政府组织部门之间的划分更加明显，交流和传授知识和专业技能的机会极为有限。中国能够合法地解决一些美国无法解决的问题。

许多西方经济体以私人资本主义为基石，在这一制度下，公共和私营部门之间通常有明确的划分。政府负责提供教育、基础设施和国家安全等公共物品，提供监管和监督，并制定健全的经济政策。企业通过以超过生产成本的价格销售市场需求的商品，来实现利润最大化。相比之下，中国政府通过强大的国有企业网络主导了国内经济的最重要部分。在这一制度中，政府的社会和政治目标往往优先于严格意义上的商业考虑。因此，政府可以发挥国有企业的杠杆作用。

这两种模式各有利弊。虽然私人资本主义表现出了强大的创造财富的能力，但往往也造成了极端的收入不平等，它目光短浅地关注季度业绩，而牺牲了长期增长。理论上，中国经济发展模式给了企业投资未来的自由，让它们不会沉迷于眼前的利润。比如，中国已经表明，其有意愿也有能力和贸易与投资合作伙伴一起度过经济困难时期，持续关注长期战略目标。例如，2016年巴西经济衰退，政治持续动荡，中国顶住压力对巴西施以援手。[4]巴西的主要战略投资方包括中国三峡和中国国家电网，其中后者是输电方面的"领头羊"。另外，中国的大型国有企业可以通过国有银行获得资本。中国的国有模式做了一个有益的示范，展示公共部门和私营部门的互惠共生如何改善了社会商品和服务的供给。

显然，从"资本、劳动力、生产率"的增长来看，中国已经取得了惊人的进步。在资本方面，中国积累了巨额资金（在本书写作期间，据称中国经济的外汇储备已超过 3 万亿美元，位居世界前列）；在劳动力方面，中国通过注重教育和发挥庞大人口的杠杆作用，在提高劳动力质量上做出了努力；而在生产力方面，过去 10 年，中国实现了全球最大的增长。根据世界知识产权组织的记录，2015 年中国创新者的专利申请量大幅增长。[5]1999—2006 年，中国的全要素生产率增长了 4.4 个百分点；2007—2012 年，全要素生产率增长了 2 个百分点。同一时期，全球平均全要素生产率分别增加了 1.3 个和 0.5 个百分点。对全球许多人来说，中国取得的成就转化成了看得见、摸得着、实实在在的人民生活水平的提高。这种明显的经济进步使世界各地的许多人，尤其是那些相对贫穷的新兴国家的人，相信中国的经济模式能够在最短的时间内改变他们的生活轨迹。

2014 年 7 月，再次当选的匈牙利总理欧尔班·维克托指出，"我们在匈牙利建设的新国家不是一个自由国家，它是个非自由国家。它不拒绝自由主义的基本原则，如自由等，但不使这种意识形态成为国家组织的核心要素，非自由的国家应当包括不同的、特殊的国家模式"。匈牙利仍然是民主的，欧尔班是被选举出来的总理，然而他却拒绝了"自由民主"的"自由"部分。欧尔班以俄罗斯和土耳其等为榜样，并指出 2008 年金融危机就是"自由民主国家无法保持全球竞争力"的佐证。他并不是唯一对自由市场制度能否带来可持续增长以及减少贫困持怀疑态度的领导人。如果进一步回顾历史就会发现，智利、新加坡等国家和地区的例子都非常清楚地表明，民主并非经济增长的必要条件。事实上，大量证据表明，经济增长是民主的必要条件。

一个国家越贫穷，维持民主的可能性就越小。经济学家发现，收入是决定民主能持续多久的最大因素。在一项名为"是什么让民主得以持续"的研究中，学者得出结论，"贫穷的民主国家，尤其是那些人均年收入低于1 000美元的民主国家是极其脆弱的……在一个人均年收入低于1 000美元的国家，民主制度平均可持续8.5年左右；人均年收入在1 000~2 000美元，可持续16年；在2 000~4 000美元，可持续33年；而到了4 000~6 000美元，则可以持续100年"。因此，难怪全世界许多人均收入低于6 000美元的国家，饱受政治动荡的困扰，泰国、阿根廷和尼日利亚就是其中的典型。[6]

在民主站稳脚跟、蓬勃发展之前，必须产生一个能够问责政府的中产阶级。过早地将民主硬塞进贫穷国家，可能会造成不自由的民主，这种民主可能与它们取代的专制制度一样糟糕，甚至会更糟。这在一定程度上解释了为什么世界上接近一半的国家可以被视为民主国家，而其中大多数却是不自由的。例如，2012年埃及总统穆罕默德·穆尔西和2013年委内瑞拉总统尼古拉斯·马杜罗的选举证明，选民会接受更低的自由度（例如，埃及日益恶化的新闻自由和委内瑞拉充满敌意的媒体环境），来换取更多国家对于安全和就业的承诺。穆尔西在 2013 年的军事政变中被免职,但有证据表明,成功的非自由领导人可以保持任期。在俄罗斯,弗拉基米尔·普京保持着很高的支持率,自 1999 年以来一直被推选担任政治职务。自 2003 年以来,土耳其的雷杰普·埃尔多安连续赢得总理和总统选举。此外,《金融时报》报道,民意调查显示,"在整个新兴世界,相比更公开的民主国家的政治家,专制制度领导人被认为更值得信赖"。[7]

更多统计数据与这些案例一致,表明过去 10 年自由情况有所下滑。这些趋势告诉我们两种可能:要么大多数人愿意生活在没有自由的情况下,要么专制政府能够满足公民迫切的经济需求,他们更看重这些需求,超过了他们正在失去的政治自由。

对自由民主和自由市场资本主义的怀疑和质疑不无道理。生活在新兴市场的人指出,过去 10 年的地缘政治不确定性(英国脱欧、特朗普当选美国总统)和经济动荡(2008 年金融危机)都来自西方。此外,经济增长放缓和收入不平等加剧等结构性问题,凸显了西方民主和市场资本主义的根本弱点,这些弱点被视为毫无吸引力,也无法被接受。因此,随着不满情绪蔓延到世界各地,传统的支持改革派巴基斯坦等国家的中产阶级开始反对西方民主。匈牙利和捷克共和国政府对西方政治民主进行了打压,洪都拉斯、泰国和斐济等国经历了军事政变,而俄罗斯、肯尼亚、阿根廷和尼日利亚等国的民主质量都有所变化。[8] 匈牙利总理欧尔班是政治形式倒退趋势的一部分,在这种形势下，公民通过民主进程自由选举领导人和政权。越来越多的东欧学者和记者提供的证据表明，该地区许多人认为，在1989年以前的制度下，他们的生活更好，他们认为以前的政府通过工业化保证了人民的安全、实现了生活的进步。自由公民甚至会投票给那些与市场价值对立的政客，例如，巴勒斯坦哈马斯和希腊激进左翼联盟的候选人。

与此同时，越来越多的人认为，在经济发展方面，市场规则对国家繁荣的作用有限。许多国家的决策者感叹，尽管在过去30年做出了协调一致的面向市场的努力，但随着时间的推移，经济形势还是明显恶化。2013年，朴槿惠宣誓就任韩国总统，她凭借加大国家干预和增加福利支持的政治宣言赢得了大选，这被视为改变了韩国此前的政策立场。（2016年她因腐败指控以及允许其同伙实施敲诈勒索的过度干预指控而受到弹劾。）类似的怀疑模式也存在于马来西亚、南非和巴西等地。尽管在采用市场理论后取得了早期进展，但马来西亚仍在与贫困群体做斗争，这一群体根深蒂固，并且对市场干预反应迟钝。同时，在后种族隔离时代的20多年里，南非的贸易自由化和资本市场一体化等市场政策几乎没有改变该国严峻的失业状况。巴西第34任总统费尔南多·恩里克·卡多佐是该国经济复苏的推手。在他实行自由市场改革20年后，人们对自由市场能带来多大的经济成功产生了真正的疑问，也越来越怀疑此类政策能否在巴西所有领域创造经济福祉。

这些国家与许多新兴经济体一道，正在努力应对居高不下的失业率，尤其是年轻人、贫困群体的失业率，以及经济增长倒退，这些都是导致生活水平恶化的元凶。当然，新兴世界充满活力，每个国家都拥有独特的文化和挑战。但是，即使每个国家面临的问题不尽相同，不同国家与大洲之间也存在不可思议的相似之处。在整个新兴世界，这种情况是惊人的：像巴西、南非和阿根廷这样拥有约 5 000 万及以上人口的大型经济体，面临着根深蒂固的贫困、停滞不前的工资、损耗国家的收入不平等以及棘手的失业问题等。南非和巴西等新兴经济体不仅越来越厌倦和警惕自由市场，而且积极向中国的经济模式转型。在这种模式下，国家政策可以发挥更大的作用。中国也成了它们首选的经济伙伴。全球逆风加剧了这些挑战，这些都将进一步恶化全球经济增长前景。

国家主导的经济政策在新兴市场信誉激增的同时，发达国家政府也大幅扩大了政府在经济中的作用，寻求恢复增长。据悉，德国总理安格拉·默克尔引用了三个数字：7、25、50。这些数字分别代表的是欧洲约占世界人口的 7%，占世界 GDP 的 25%，占世界福利支出（政府社会支出）的 50%。美国和欧洲加起来约占世界人口的 12%，约占世界 GDP 的 55%，占世界福利支出的 90%。不仅民主资本主义国家的福利保证在增加，政府在总体经济中的作用也在增强。例如，在英国，家庭在住房、教育、医疗和交通方面的平均支出有 60% ~ 70% 由政府补贴。这两种趋势都对经济增长构成了潜在的威胁。[9]

今天，世界上最大的 10 个雇主中有 7 个是政府。美国军方约有 320 万名雇员。排名最高的私营企业是美国零售商沃尔玛，该公司在全球约有 200 万名员工，名列第三。

世界各国政府规模的迅速扩大引发了严重担忧，尤其是在政府债务负担似乎越来越不可持续的情况下。此外，推动经济增长、创造就业和提高生活工资的是私营部门，而不是政府。2010 年，英国商业、创新和技能部在一份评估英国 2000 年以来经济状况的白皮书中表示，担心"英国有太多地方过度依赖公共部门"。当然，关于国家理想规模的争论由来已久。然而，"大政府"与"小政府"的争论多少转移了视线。在实践中，问题的关键还是政府的效率水平。

事实上，根据美国千年挑战公司（MCC）的说法，"政府效率越高的国家，往往通过获得更好的信用评级和吸引更多投资、提供更高质量的公共服务、积累更高水平的人力资本、加快技术创新、提高政府支出的生产率……来实现更高水平的经济增长"。另外，千年挑战公司还发现，"平均而言，政府效率越高的国家，教育体系就越完善，医疗保健服务也越高效"。重要的是，这反映出，最终决定经济增长的是政府效率，而不是政治自由或民主。[10]

政府有效性的核心在于它的纪律，即拒绝超出其核心职责范围的事务。基本层面上，政府主要有三个作用：提供公共产品（如教育、国家安全、医疗和基础设施）、执行和规范法律，以及在市场失灵时作为最后的融资机构介入（如2008年金融危机爆发时的政府救助）。当政府的作用超出这些时，就不利于国家的长期经济增长。

首先，我们寄希望于国家能够提供一系列（高质量的）公共产品，包括国家安全、基础设施（如公路和电力）、教育和医疗。当然，最有效的政府能够在保持债务负担可持续的条件下提供这些公共产品。只要政府带头提供，私营部门也会紧随其后，为创造就业和经济增长奠定基础。例如，在美国，政府已经在至少四个值得注意的领域启动了私营部门投资：1942—1946年的曼哈顿计划，该项目引发了一场大规模的科学创新浪潮；美国州际公路系统，它建立了一个对美国商业和通信至关重要的公路网；美国宇航局领导的阿波罗登月；互联网的发展，它是由美国国防高级研究计划局（国防部下属机构）推动发展的，负责开发新兴的军用技术。

其次，政府执行国家法律，监管经济和社会，并在立法和司法系统认为必要时进行惩罚。这一作用涉及商业和经济，因而在金融危机之后达到了白热化的程度，各国政府都面临着支持其银行体系、避免更长期衰退的压力。

最后，政府应在危机时期有所作为。至少，当危机规模大到扰乱经济的正常运行并构成系统性风险时，政府会采取行动。

如果市场未能明确（也就是说，买方很难找到卖方，反之亦然），任何实体（如私营部门）都无法介入解决。当灾难性的情况出现，无论是流行病、自然灾害还是金融危机，都需要国家出面救济。例如，正如《独立报》在 1994 年 7 月报道的，"巴西咖啡作物遭受第二次霜冻损害，恐减产一半，咖啡价格随之飙升了 25%"。[11] 巴西政府不得不面对收入损失和农民的生计威胁。更近一点的例子，在 2008 年的全球金融危机中，各国政府不得不通过收购金融机构和汽车公司来稳定金融体系和整体经济。即便有如此积极的动作，全球 GDP 还是下降了 3.4%（据国际货币基金组织估计），而且近 10 年过去了，经济复苏仍然乏力。2008—2009 年，全球 GDP 萎缩了 1.1%，"掩盖了 2008—2009 年冬季危机的严重程度，当时的 GDP 年率萎缩超过 6%"。[12]

然而，当政府政策超出这些界限时，问题就出现了。例如，美国的"人人享有住房"政策将政府从仅仅是金融市场的监督者转变为积极的市场参与者——作为一个投资顾问，不仅口头上鼓励，而且行动上激励美国家庭将财富投资于住房和房产，而不是股票、债券、大宗商品、现金等。通过房利美和房地美，政府成为实质上的抵押贷款机构，提供廉价抵押贷款，使住房投资与其他资产类别相比，成本人为地下降不少。更糟糕的是，这种干预使许多人过度借贷，在本不应该拥有财产的情况下却拥有了财产。这就是 2008 年导致大衰退的金融危机的实质。截至 2014 年，房利美（3.25 万亿美元资产）和房地美（1.9 万亿美元资产）总共拥有超过 5 万亿美元的资产，接近美国 GDP 的 30%。简言之，美国政府（在为私营住房融资方面）的过度行为，导致了美国自身债务负担日益加重，并引发了更大的金融危机。

截至目前，全球的趋势是政府管控和干预都在逐步加强。中国的模式在发展中国家越来越有吸引力，也越来越受到追捧，而西方经济体自身也有采取更多国家干预的趋势。显而易见，任何扩大国家在经济中的作用的转变都将对政府效率乃至经济增长前景构成风险。

作为一个全球性的现实问题，各国对于国家干预的程度以及方式有不同的观点和传统。例如，在英国，其国家医疗体系就与美国形成了鲜明的对比，即使在《平价医疗法》（该法案可能已废除）颁布之后，美国的药品仍然主要由私营部门提供。俄罗斯政府控制受保护的战略部门，如石油和银行业，而加拿大则保护其采矿业（2010 年，政府阻止外国投资加拿大钾肥行业）。尽管美国致力于自由市场价值，但就连美国也对关键行业的外部投资加以限制。通过审查和否决外国投资的美国外国投资委员会，美国在 2016 年否决了中国对一家照明技术公司的投资，2006 年迪拜港口对美国港口设施的投资也被取消。

随着发达国家对其经济的干预越来越多，人们不禁要问，它们是否也在借鉴中国模式的成功，或者至少是试图与之竞争。无论如何，新兴国家须谨记，中国模式不一定是可以复制的。中国过往的成绩无疑令人惊艳，但要考虑在新兴世界和其他国家的适用性和可行性。

中国的经济体系存在结构性问题。政府是经济生产要素的主导者，这容易造成资产（从商品和房地产到资本和劳动力等长期可持续的经济增长所必需的关键投入品）的定价不当。也可能造成供需失衡，进而导致通胀率过高，不利于经济增长、发展和生活水平的提高。在当前经济不景气的环境下，通胀的威胁不大，但在中国经济增长的鼎盛时期，以及金融危机爆发前夕，当油价接近每桶140美元时，这就可能成为真正的威胁。另外，这种政策容易扭曲价格和利率，增加经营成本。这可以从国有企业吸走资本、排挤私营部门资本和投资的例子中看出。

中国模式不一定适用于所有的新兴市场。中国经济在很大程度上由出口西方驱动，与主要生产和依赖农产品的新兴市场国家几乎没有相同之处。实际上，美国和欧洲恰巧禁止进口这些农产品，它们会补贴国内的生产者来生产。虽然政府主导的政策可能会在短期内人为地创造就业机会，但从长期来看，可能对经济进步和繁荣有复杂的影响。

事实上，中国目前正在努力解决困扰金融业的大规模债务问题、市场参与者担心随时可能破裂的房地产泡沫问题，以及拖累GDP增长的污染问题。这些都可能使中国经济增长不可避免地放缓。

然而，随着中国即将超越美国成为全球GDP规模最大的经济体（国际货币基金组织等专家预测这将最早在2022年发生），届时中国模式会更加受到追捧。美国最高法院大法官斯蒂芬·布雷耶在其著作《法官能为民主做什么》中提醒我们，从美国宪法的签署到依法建立平等的教育制度（这体现在具有里程碑意义的 1954 年最高法院"布朗诉托皮卡教育局案"中），花了近 170 年的时间。1965 年通过的《投票权法》还需要 11 年才能保证全体美国公民享有普遍的选举权。

经济增长乏力，新兴国家的领导人现在制定政策都是根据现实状况，而非意识形态。在这一点上，西方模式应该因为它的吸引力而被推广，而不是强迫发展中国家加入其阵营。换句话说，与其强迫人们接受西方自由民主和自由市场资本主义，不如让人们发现它们能够以一种公平合理的方式解决问题、创造增长、消除贫困，从而接受并采纳它们。还有什么比一个创造出可持续的经济增长、将人们从贫困和绝望中解救出来的经济制度更有说服力的呢？

在最好的情况下，西方模式不辩自明。它就是将食物、冰箱和电视普及千家万户的办法。它鼓励和培养的创新精神赢得了太空竞赛，成功地把人类送上了月球。这些都是人们想要的，细微具体、看得见摸得着的结果：他们看到的、羡慕的、相信的结果。但在这一代人中，这些细微具体、看得见摸得着的结果是他们从中国获得的。

2013 年底，领导乌克兰东部抗议活动的 25 岁记者卡捷琳娜·热姆丘日尼科娃被问及为何走上街头,"我不想生活在一个法律仅仅存在于字典里的国家,"她答道,"而是一个人们可以自由地说他们想说之言,做他们想做之事,去他们想去之处的国家。"[13]

全世界许多人曾认为西方自由民主和自由市场资本主义是通往经济繁荣的唯一真正道路,而今,这些人开始重新审视这些假设。如果热姆丘日尼科娃的梦想(许多人都有的共同梦想)无法通过西方自由民主和自由市场资本主义来实现该怎么办?毕竟,还有其他的政治和经济政策途径来建立中产阶级、民主的先驱、持续的市场经济制度。随着20世纪经济增长放缓,意识形态开始退居次要地位。世界正在从追求自由的理想转向努力谋生的现实。

世界银行等国际机构——著名的"华盛顿共识"的倡导者认为,一系列自由市场政策是通向自由市场和自由人民的开明道路——正在改变它们的论调。世界银行行长金墉似乎对更多由国家主导的制度表示赞同,他宣称"通往共同繁荣的道路不止一条。一条道路是通过更多的经济增长带来更多的机遇;另一条是通过稳定的社会契约,提高贫困和弱势群体的生活水平"。[14]据估计,到2025年,世界上80%以上的穷人将生活在脆弱的国家,主要是低收入国家。这一新趋势说明,采取正确的经济和政治模式迫在眉睫。[15]

弗朗西斯·福山在《历史的终结与最后的人》(*The End of*

History and the Last Man）一书中曾经断言，民主主义和资本主义战胜了其他形式的政府。在他提出这一观点 25 年之后，情况看起来已经大不相同。在美国，西方民主无法解决包括基础设施、移民、税收改革、教育和福利在内的关键问题。而一些国家通过西方民主选举出来的领导人已经扭曲了这一制度，变成了决心不惜一切代价来维护权力的专制领导人。据巴拿马文件披露，很多民选领导人利用这一制度谋取个人经济利益。

究竟是哪里出了问题？西方民主仍然是最好的政府形式吗？它还能被挽救吗？或者，它已经走到尽头了吗？在一个高度全球化、沟通顺畅的世界，民主国家作为一种组织政府的方式是否过时，这值得讨论。然而，还有一个更根本的问题，它关乎当权者的行为，即政治领导人尤其是自由民主国家的政治领导人，是否有能力跳出短视，实现长期的经济和社会进步。

6
短视危机

1936年11月12日，在第二次世界大战爆发的3年前，温斯顿·丘吉尔在英国下议院发表讲话，对当时的执政政府表示遗憾："因此他们继续在怪异的悖论中前行：下定决心踌躇不前，坚定于犹疑不决，对摇摆不定坚定不移，恪守没有原则的原则，全能却无力。"

丘吉尔特别谈到了当时一个十分紧迫的问题，他批评鲍德温政府在德国大举建设空军之际未能重整军备。他怀疑政府是否有能力做到高效乃至值得信赖，这一点超越了时代。

《2017年爱德曼信任度调查》显示，全球只有41%的人口信任政府。与此同时，皮尤研究中心2015年的一项调查报告称，"公众对联邦政府的信任仍处于历史低位。如今，只有19%的美国人表示，他们'几乎总是'（3%）或者'大多数时候'（16%）相信华盛顿政府会做正确的事情"。同一项研究还发现，

1964年,"几乎总是"或者"大多数时候"相信华盛顿政府会做正确事情的美国人比例达到了77%的历史最高水平,此后一直在下降。[1] 再加上有证据表明,新兴市场国家的公民认为专制领导人比民主政治人士更值得信赖,全世界人民似乎都对民主政府有效行动的能力持怀疑态度——包括政府能否做好称职的经济监管人。

这种对民主持怀疑态度的根源,也是把我们带到混沌边缘的力量的症结所在:我们在商业和民主政治制度中都偏好短期主义。正如我们将在下文中讲到的,在商业领域,尤其是在政治领域,短视对经济成功尤为不利。它是长期经济增长前景的主要制约因素。决策者和政治家必须在事态进一步恶化之前采取行动进行解决,这一点至关重要。纠正这个问题,将大大有助于解决我们今天面临的几乎所有经济增长的挑战。

在其设计和实践中,短期主义是西方民主的核心。从设计上来看,西方政客的政治眼界相对不足:他们的任期通常不到5年。因此,他们发现自己的工作常常被选举打断,无法全身心地投入应对长期政策挑战的努力。因此,出于理性考虑,政客自然会把精力集中在用短期甜头来吸引选民上,包括那些可以迅速粉饰太平的月度通胀、失业和GDP数据的经济政策。这种做法使人们不再关注经济更隐蔽的结构性腐蚀以及可能缓解这种腐蚀的政策。为实现可持续的经济增长,我们需要政界和商界领袖做出更高质量的决策,以及将长期繁荣置于短期政治获利之上的政策。为实现这一转变,我们可能会进行改革,本章的任务就是评估我们制度中需要改革的方方面面。

选民选出的个人与当选官员做出的经济决策之间有着直接的联系。选民选择政客按照自己的意愿行事(比如增加养老金支付或减少税收),因此,当产生了糟糕的经济后果、经济增长受到长期影响时,往往不是因为政客违背了选民的意愿,而正是因为他们遵从了这一意愿。在自由民主制度下,几乎所有投票决定的核心都是经济选择。虽然纯粹的社会问题也会左右选票,但即便是很多主要通过社会政策来看待的问题,比如医疗或者移民,选民的关注点最终也会落到其经济影响上。经济选择仍是政治的核心。

1820年,经济学家大卫·李嘉图提出了一个假设,即消费者都具有前瞻性。虽然李嘉图的断言被认为是消费者所为,但他的想法其实可以延伸到选民身上,他们本质上是同一个群体。在经济学文献中被称为李嘉图等价定理的这一假设认为,选民在做出消费决定时,会将政府的预算约束内部化。本质上,即使政府今天就给选民减税,他们也会认识到,今天的减税需要明天的增税来提供资金,以平衡政府功能账目,因此他们不会花掉今天减税带来的收益。李嘉图等人在大量实证研究中发现,现实中,李嘉图理论并不成立,反而与李嘉图的假设相反,消费者实际上是短期思维。选民的这种倾向有利于政客的短期决策，实际上是几代人在相互竞争。选民通常会支持那些增进自身福祉的政策，而很少考虑子孙后代或长期结果。例如，如今，人口结构的变化导致大批婴儿潮一代退休，这会产生巨大的经济影响，不仅因为资本资产的配置（从股票向债券的转变中可以看出）和房地产市场（老年公民往往倾向于从大型住宅换到较小的公寓，从而产生了资产释出）发生了变化，还因为这一代人正在用未来的经济增长来为退休人员提供不可持续的养老资金。

简言之，政客因迎合选民的即时需求和愿望而获得了回报，却损害了长期经济增长。由于民主制度以这样一种方式助长了短期主义，所以如果不彻底改革民主制度，我们就不可能解决许多看起来棘手的结构性问题，而正是这些问题导致了全球增长的停滞。

短视会影响政体。根据麦肯锡全球研究院的一份报告，G20加上尼日利亚政治领导人的平均任期创历史新低，从1946年的6年下降到了现在的3.7年。[2] 其后果正日益凸显。民主进程中根深蒂固的短视造成了短期选举动机与需要解决的长期经济挑战之间的不匹配。更糟糕的是，这种短期主义还加剧了抑制经济增长的逆风。政治上的短视，常常让目光短浅的政客与远见卓识的政府官员剑拔弩张，这一点在限制贸易自由化的关税和配额等政策中表现得十分明显。一些政客认为，短期主义的正面影响实在诱人，尤其是他们通过保护关键选区的就业来确保连任。然而，短视地保护就业也是有风险的，避免进口竞争带来的好处被损害长期经济增长抵消。

频繁的选举使公共部门更加短视，增加了政策的不确定性、加剧了政治动荡。尤其是在议会制度中，如果政府由于不信任投票而无法完成其任期，或者获胜党未能组建政府，从而需要另一次选举的时候。例如，西班牙在2015年和2016年的情况就是如此，当时选民两次选举未果，导致了长达10个月的政治僵局。但这些问题并不仅限于议会民主制。在奥巴马执政期间，由于美国敌对政治派系之间的僵局，被迫每两年举行一次选举，基础设施等一些主要政策领域彻底停滞，甚至出现政府停摆。

政治短视是发达经济体增长道路上的主要障碍。民主制度固有的选举周期拖累了政策，因为政客出于想要赢得选举的理性愿望，会选择破坏长期增长的短期权宜之计。同时，他们也疏于应对更根深蒂固的、更长期的经济挑战，比如不断下降的教育水平、迫在眉睫的养老金危机和日益恶化的实体基础设施，这些都无法带来立竿见影的政治回报。这并不是说政客就看不见这些挑战：受教育程度低、难以就业和心怀不满的年轻人，忧虑养老金和医疗保险的退休人员。但短期的选举考量诱使政客利用代价高昂且不可持续的政府福利计划来解决这些问题，并赢得选民的支持，这些都会给长期增长的前景带来重压。技术官僚决策者能够公正地看待经济，这可能使他们与受惠于短期选举周期的政客产生分歧。

有确凿的证据表明，政客为了赢得公众的支持而做出福利承诺。例如，在2015年的英国大选中，时任首相戴维·卡梅伦向传统上选民投票率最高的退休群体争取选票，承诺将英国的国家养老金每人至少增加1 000英镑（从2015年的刚过6 000英镑增加到2020年的7 000英镑）。在2016年6月英国脱欧公投之前，英国脱欧派（那些赞成离开欧盟的人）承诺，如果获胜，他们将会把原来支付给欧盟国库的每周3.5亿英镑用于发展英国国家卫生系统。这一备受争议的承诺对英国脱欧运动至关重要，在公投前的几个月，这一信息印在了他们的脱欧大巴上。英国脱欧的选举结果一经揭晓，脱欧阵营的领导人很快就与承诺保持距离，声称自己从未做出过承诺，而且承诺一开始就是个误会。2016年9月，支持英国脱欧运动的领导人彻底放弃了这一承诺。

但在许多自由民主国家，鼓励短期思维的不仅仅是选举的周期。在预算问题上，美国政府的糟糕设计，使该体系有利于推行边缘政策。例如，2013年，美国遭遇了一场旷日持久的危机，达到了联邦政府《2011年预算控制法案》规定的债务上限16.4万亿美元。这使政治陷入了僵局（至今仍未打破并将持续存在），政府不得不采取紧急措施，包括获得国会的批准，允许其继续借款以便继续运转，最终导致政府停摆两周。总体来说，美国的年度预算和拨款程序允许短期内的政治分歧阻碍对长期经济成功至关重要的决策。

关键的一点是，政治短期主义使我们面临的经济逆风更加严重，也使我们面临的挑战更加难以解决。部分原因是，那些为了短期利益而实施的糟糕政策。但在更多的情况下，如今的决策者犯下的是政策疏漏，而不是决策失误，因为他们选择什么都不做。他们不会执行优质但复杂的政策（比如一种更有力的全球化形式），而是倾向于政治风险更小的权宜之计，或者干脆不作为。比如，在人口结构改变、自动化新技术、生产率下降方面做一些事情，长期以来一直是决策者的首选。即使到了今天，这些挑战仍未得到解决，这反映出几十年来一直缺乏行动。另一个很好的例子是债务。政客很容易被说动去增持主权债务，而很少考虑长期偿债，尤其是考虑现在增持举债能让他们为政策提供资金，从而可能赢得选票。另外，减持债务可能需要他们削减服务，这种不得人心的做法会危及他们的连任。因此，债务出现上升，但很少下降。类似地，通过延迟退休年龄来应对人口结构方面的不利因素，在事后看来，这个决定早在几十年前就应该做出，以摆脱养老金危机。毕竟，自20世纪90年代以来，经济学家一直在警告，由于劳动人口减少和人们的寿命延长，养老金赤字将不可持续。但由于这对退休人员来说难以接受，他们又是选民中一个庞大的群体，所以这个决定推迟了。

如今，短期主义已经从政府大厅蔓延到了金融和商业的权力中心。在这方面，它也拖累了经济增长。CEO 的任期越来越短，从 1990 年的平均 10 年缩短到 2011 年的 6.6 年，再到现在的 4.4 年。[3] 同时，耶鲁驻校执行官理查德·福斯特称，1935 年标准普尔 500 公司的平均寿命为 60 年；而 2011 年，平均寿命是 18 年。1970 年纽约证券交易所股票在投资组合中的平均持有时间为 5 年零 3 个月，而 2011 年只有 7 个月。《金融时报》报道，斯坦福大学的研究人员发现，"实现季度盈利目标的压力可能会导致研发支出减少，并使美国经济增长每年下跌 0.1 个百分点"。另外，人们发现，私营企业的投资速度几乎是同类上市公司的 2.5 倍，这或许反映出他们担心无法满足股东的短期需求。投资速度持续走低，美国最大的公司可能会使美国的年增长率下降 0.2 个百分点。随着投资期限的缩短，企业投资基础设施和其他长期项目的可能性较小。[4]

CEO 薪酬是文化向短期思维转变的表现。根据同一份报道，"74% 的薪酬是以现金支付的，而且与超过年度股市基准表现挂钩"。人们越来越担心，如今的经营者被鼓励关注短期业绩，比如下一季度等，而不是未来 5~10 年的业绩，这会缩短投资期限。对此，企业付出了相当大的努力，以更好地将高管薪酬与公司的长期业绩相匹配。

这种趋势表明了战略和投资期限的缩短。根据全球传播公司 WPP 的研究，在截至 2016 年 6 月的 6 个季度中，在标准普尔 500 指数上市公司中，有 5 个季度的股票回购和分红超过了留存收益（即企业留存的、通常指定用于投资的收益）。此外，派息和回购占收益的比例从 2009 年的 60% 左右上升到 2016 年第一季度的 130% 以上。企业缩减规模而不是增长，将资金返还给股东，而不是进行资本投资，如建设新工厂或增加研发，为未来的增长奠定基础。这些令人不安的迹象表明，人们对风险的厌恶情绪正在上升。与此同时，养老基金——甚至是公共养老基金——正转向对冲基金和私人股本的短期投资。即便是 3~7 年的中期投资，如私人股本的投资，也不太可能流向基础设施，从而损害经济增长。

有害的资本配置方式也在扼杀经济增长。这种错配有两种形式：第一，随着全球投资者支持生产率和增长的意愿减弱，他们减少了向全球股市配置的资金，因而全球股市正在萎缩；第二，全球人口老龄化催生了这样一个投资者群体，他们追求的是今天的收入，而不是明天的资本回报。投资者的短视投资行为促成了这一转变。

随着经济增长放缓，投资者在投资中越来越多地追求稳定收入。这意味着他们会将更多的资本投入安全、老牌的公司和项目中，而不会在创新公司规模更小、风险更高的项目上下赌注。因此，小企业急需资金，但很难吸引投资或借贷，尽管它们在经济和创造就业方面发挥着关键作用。在美国，雇员少于 500 人的公司雇用了私营部门雇员总数的 48.5%。在过去 20 年里，小企业净创造了 63% 的新工作岗位（1993—2013 年，小企业创造了 2 290 万个工作岗位，其中 1 430 万个为新工作岗位）。此外，自经济衰退以来，小企业占净新增就业岗位的 60%，其中雇员少于 500 人的企业创造了最多的就业岗位。在英国，中小型企业也同样重要，小型企业占私营企业总数的 99.3%，占私营企业就业人数的 60%（1 570 万人）。然而，与规模更大、更成熟的企业相比，许多小企业的规模和较短的业绩记录往往使它们的投注风险更大。

在世界各地，尤其是发达国家，投资组合中的资本配置正在经历重大变革，将对经济增长产生影响。有证据表明，包括美国在内的全球股市正在萎缩。彭博社的数据显示，美国交易所 2015 年的上市流通股数量下降了近一半，从峰值 7 322 只降至 3 700 只。[5] 股市作为企业为投资和创造就业提供资金的途径，这种"去证券化"趋势令人担忧，并可能破坏全球债务和股权资本市场的稳定。

除了上述投资者行为外，还有一些短期的、策略性因素在推动这种去证券化趋势。短期主义不仅表现在投资者在股市的行为上，还表现在企业经营者自身的行为上。例如，2015—2016 年，固定收益和股票之间明显的错误定价为套利提供了获得短期交易利润的机会。与历史低位的利率相比，股市回报率明显更高。因此，股票风险溢价（即投资股市提供的高于无风险利率的超额回报）为公司以低廉的成本借入资金并回购公司股票提供了足够的理由。本质上，从公司融资的角度来看，公司被鼓励去回购股票（相对昂贵的股权融资），并以更便宜的债务融资来取代股权融资。

不仅回购股票，增加分红也表明，公司管理层认为正价值项目（而不是赔钱的负价值项目）不值得投资。在外部环境不确定性较大的情况下（全球增长前景黯淡、监管和税收环境不断变化、商品通胀不明显），相较于将自由现金流再进行投资，或者把现金存入银行赚取低额利息，企业经营者选择将资本返还给股东。

本质上，用于回购公司股票或支付分红的每一美元，都是公司没有用来投资可能刺激经济增长的长期项目的每一美元。因此，用于股本投资的资本从股票和股市中退出，流向了低收益、更稳妥的固定收益或债券工具。逐利股市的资金减少，而入手债券的资金增多，这一趋势导致资金从股票风险投资中分流，损害了生产率，降低了创新能力，也拖累了经济增长。

虽然这些股市的波动可能是短期、可逆的现象，但更长期也更具有结构性的全球人口老龄化问题还是让股市增长无力回天。随着人口逐渐老龄化，储户和风险偏好型投资者正在变成食利者。经济越来越多地依赖于从过去的投资中获得的稳定、定期和可预测的收入。从这个意义上说，婴儿潮一代越来越青睐债券类投资工具，股票正在从他们的投资组合结构中消失。韦莱韬悦全球养老基金的数据显示，全球 19 个主要市场管理的资产总额为 36 万亿美元，几乎相当于全球 GDP 的一半。而在

7个最大的市场中，债券配置（30.6%）接近股票配置（42.3%），并且从其他投资转向债券投资的趋势明显。这种转向债券的趋势表明，投资者正在寻求稳定的现金流和分红，寻找今天就能获得现金流的公司，而不是投资于明天才能实现增长的公司。

在美国，不再进行长期投资的老年投资者占据了储蓄的最大份额。尽管他们收取红利的决定是理性而稳妥的，但低回报可能会大大降低投资者对股票的兴趣，从而限制企业投资和增长的能力。

逐利股市的资金减少、入手债券的资金增多，这种趋势至少会带来两个影响。首先，它们损害了由创新和股票风险投资推动的生产率。在全球生产率持续下降的情况下，这一点尤其令人担忧。其次，这些趋势可能并不全是坏事，它们确实为愿意忍受较长投资期限的成长型投资者提供了机会和更诱人的回报。在最高层面上，推动资本进入经济增长的引擎——基础设施、创新和企业的重要推手（投资者）——正在选择即时收入，放弃更长远的投资，这将不利于未来的经济增长。短期主义植根于自由民主国家的政府和私营部门结构中，是经济长期增长的"毒瘤"。

基础设施的例子概括了公私两方面的短视问题。美国的基础设施仍然非常不完善。任何现代经济都需要强大的基础设施作为基础：港口、公路、电力、机场、电信和铁路。虽然这似乎应该不言而喻，但美国的基础设施状况表明情况并非如此。美国土木工程师协会在2017年发布的一份报告中，对美国的整体基础设施给出了D+的评级，列举了2 170座高危水坝、56 007座结构不完善的桥梁（占美国总桥梁数量的9.1%），以及未来25年对饮用水系统进行升级需要的1万亿美元资金。该报告强调，现在迫切需要为建设基础设施新项目和维护现有基础设施划拨大量资金。美国土木工程师协会建议，要解决大量积压的逾期维修和迫切需要现代化的问题，到2020年至少需要2万亿美元的投资。如果没有这些急需的投资，美国经济增长肯定会进一步下滑。

未能投资基础设施会产生"二阶效应"。国家和地方养老基金，以及保险公司和共同基金，共同管理着大约30万亿美元，他们急需长期资产来负担长期债务——后者主要是以养老金的形式在未来支付给退休人员。投资基础设施具有典型的长期性；它们可以为养老基金和保险公司提供理想的投资机会，降低未来养老金欠款远远高于基金总资产的风险。近年来，持续的低利率环境大大提高了未来的贴现负债，对可投资的基础设施长期项目的需求因而更加迫切。一项大规模的基础设施重建和改善计划将在很大程度上填补资产负债缺口，并最终造福未来的养老金领取者，毕竟他们依赖的是今天的投资收入。

加大基础设施投资对低技能劳动力的就业前景也影响颇深。

美国的失业率和劳动参与率仍然令人担忧,就业不足率超过10%(最近几届大学毕业生接近12.6%),在这种情况下,启动大规模基础设施项目可能会显著改变美国劳动者的前景。[6]

尽管有这么多好处,政治上的短期主义还是导致基础设施投资不足,因为政客往往关注失业、增长和通胀等短期指标,而倾向于推迟较长期的基础设施决策。投资基础设施会带来种种好处,但它需要长期思维,而现行的民主政治制度又会阻碍这种思维。

例如,英国前财政大臣乔治·奥斯本在2013年财政部的一份报告中,公开将政治短期主义与基础设施投资不足联系在一起。在描述英国在基础设施投资方面落后的原因时,他说:"这是国民心态集体优先考虑短期而非长期的结果,并且拖延了艰难的决定。"奥斯本指出,道路拥堵、火车拥挤不堪、经济适用房短缺,这些都是政治短期主义给基础设施带来的后果。[7]

显然,过去曾经出现政府克服政治短视承接大型基础设施项目的情况。例如,在美国,联邦政府在1933年成立了工程项目管理局(起初名为工程进展管理局,于1939年更名),作为罗斯福新政的一部分,它是美国规模最大、最有气魄的项目,致力于建设公共建筑、道路、桥梁、学校和法院,以解决美国长期的失业问题。之所以能够做到这一点,是因为短期的政治激励措施与建设和扩大基础设施的长期议程是一致的。具有讽刺意味的是,历史上最成功的基础设施项目之一,居然是由减

6. 短视危机

少失业这一短期政治目标推动的。当时的当政者成立工程项目管理局主要是为了创造就业机会，对国家基础设施的长期好处只是这一政策的副产品，当经济发展中出现了劳动力短缺时，工程项目管理局在 1943 年关停。当时，劳动者基本都能在战争相关的行业找到工作。

不过，虽然像工程项目管理局这样的项目有着复杂的历史，但有一个根本性的问题必须解决：是什么原因让普遍的短期主义在今天的自由民主中成了一个更大的问题？毕竟，与过去经济增长强劲的时期相比，自由民主并没有发生根本变化。然而，美国的民主政治人士即使是在 20 世纪五六十年代也有充分的理由实施大型基础设施项目，而无须像本书建议的那样对民主进程进行全面改革。从那以后，西方民主国家的运作方式发生了三个重大转变：第一，经济意识形态从主要以国家为中心转变为更加自由放任的资本主义；第二，24 小时滚动新闻模式的兴起以及社交媒体的出现；第三，权力从国家转移到非国家行为体，如企业和富有的慈善家，他们越来越多地扮演政府的角色（包括承销公共产品），在这个过程中削弱了国家。这些转变与一个更广泛的问题密切相关，即为什么当今的民主政府在实现可持续的、长期的增长方面越来越低效。

首先，从 20 世纪五六十年代盛行的政府干预主义，到 20 世纪 80 年代初开始占主导地位的、以私营部分为中心的"小政府"意识形态，已经发生了根本性转变。20 世纪 80 年代以前的政策制定者都是受凯恩斯主义经济思想的指导。在经济大萧条和第二次世界大战之后，人们认识到政府是通过创造就业和分配资本来推动经济的。这种情况在20世纪80年代发生了变化，自由企业越来越多，私营部门在推动经济增长方面越来越占据主导地位，政府的干预也越来越少。私营部门对基础设施的投资取代了战后由政府推动的大型基础设施项目。然而，随着追求利润的私营部门取代公共部门来主导这一项目，基础设施投资势头不再。随后的基础设施投资放缓，则更加凸显了成功的基础设施建设需要一个有长期导向的政府来领导。

其次，20世纪中期以来的第二个变化是媒体的发展，包括24小时滚动新闻模式和社交媒体的出现。这些都加剧了公共和私营部门的短期主义。政客发现自己受到媒体持续的短期监督，并被引诱到新闻和评论的是非中，而牺牲了对长期决策的关注。对商界和政界领袖来说，媒体的持续关注，导致他们做出的决定空前地着眼于短期结果，而非长久的未来。

最后，私营企业和富人财富以及影响力的增加削弱了国家力量。非国家行为体（例如享受税收减免的慈善基金会）的纳税义务被最大限度地减免，政府的税收收入随之减少。此外，非国家行为体承担了许多传统上由政府承担的角色，如提供公共产品（教育、医疗等），但是它们肆意妄为，对传统的公共政策议程置若罔闻，不对任何人负责，还随心所欲地改变感兴趣和关注的领域，公众也几乎毫无追索权。本质上，慈善基金会是从政府手中接过了提供公共服务的权柄，但对是否真正提供了服务和如何提供却概不负责。在这一点上，政府在制定公共产品的长期议程方面放弃了一些权力。

美国决策者的短期主义意味着全球化收益的分配不当，这让数百万美国人感到失望，并引发了 2016 年的民粹主义反应。正如阿里巴巴创始人马云在 2017 年的经济论坛上指出的那样，过去 30 年，决策者在 13 场战争中花费了 14.2 万亿美元，而没有投资于美国的基础设施、工业和就业，没有合理分配全球化带来的收益。显而易见的是，30 年前，美国的工业岗位就在减少，经济面临国际贸易激烈的竞争，进一步损害了美国劳动者的利益。其结果是坐失良机，没能将全球化成果辐射到更多地区（尤其是美国的"锈带"地区），资助长期基础设施战略来刺激美国经济。

公共部门应该在多大程度上参与基础设施建设和创造就业的问题在两党中引起了激烈的争论。有人认为创造就业不是政府的职责，有人则认为公共部门义不容辞，尤其是中央政府，更应该充分利用人力资源安排就业。但美元仍然是世界储备货币，美国公共部门有能力以超低利率为一个庞大的基础设施项目提供资金，这为今天公开推出基础设施战略提供了强有力的理由。只要决策者仍然被赤字融资成本和后果相关的意识形态争论束缚，美国经济就将继续受到影响。

一个实际的问题是，鉴于基础设施对美国经济的紧迫性和重要性，联邦政府应该成立一个两党合作基础设施委员会，以绕过政治上的阻隔和僵局。这个委员会不是解决当前政治分歧的权宜之计，而应该成为政府专注于长期基础设施议程的一个常设机构。就像 2010 年为应对国家财政挑战而成立的两党国家财政责任和改革委员会（尽管它最终未能成功落实），一个基础设施委员会将被授权把关政策来改善美国中期和长期基础设施建设面临的挑战，同时避免类似于辛普森－鲍尔斯委员会受到的政治纷扰。

然而，仅靠委员会终究是不够的。当今各国政府无法有效解决基础设施和可持续增长等长期问题，这表明我们有必要对民主进程进行彻底改革，以解决短视问题、鼓励更优良的政治决策和长期思维，全力启动长期和可持续的经济增长。

诚然，民主资本主义的成就毋庸置疑。历史证明，它是一个行之有效的增长工具。在过去 50 年中，美国的收入水平上升了 30 倍，贫困下降了 40%；1960—2015 年，欧洲人均 GDP 增长了两倍，而工作时长减少了 1/3。[8] 在发达国家和发展中国家的共同推动下，全球经济在 20 年间增长了两倍。[9] 繁荣带来了现代历史上前所未有的和平。我们承认现有制度的不足，但值得回顾的是，每当民主经受挑战（例如在俄罗斯和埃及），它总能以另一种方式向我们展示它的韧性（例如在韩国和菲律宾，尽管曝出了丑闻，但民主在这些国家仍强大而不可动摇）。然而，如果我们要强力推动全球经济，那么这个体系急需彻底改革。因为除了短视之外，民主在今天的运作中还存在其他实质性问题。

例如，民主国家往往会出现资产分配不当。分配资产的政治决策应该根据一个国家的发展水平而有所不同。政治制度应将现有资产引导到最需要发展的经济领域，进而对该国的经济增长轨迹产生最大的影响。举例来说，中国和印度需要公路来提高生产率。中国建造了这些设施，但印度的基础设施项目却陷入了繁文缛节和政治角力的泥沼，这些都是民主制度的政治分歧导致的。这表明，印度的民主进程扼杀了有助于推动经济增长的决策。长期关注印度的资深观察家约翰·埃利奥特指出，"在土地使用和环境问题上，民主为不同的声音和异议争取了生存的空间，却无法遏制腐败的既得利益者操纵政策和政策的实施、民主的滥用，这导致印度正在沦为一个越来越不可预测、不可信赖、缺乏竞争力、难以生活也无法营业的地方。民主还是成了印度发展的瓶颈"。[10]

因此，印度的竞争力受到包括交通在内的关键基础设施投资长期不足的影响。2016年，印度在140个国家的整体基础设施排名中位列第68位，远远落后于排在第42位的中国。印度基础设施质量较差，直接导致其竞争力相对较弱，排在第39位，而中国则排在第28位。基础设施投资不足对经济的影响是实实在在的。对印度来说，将GDP的1%用于基础设施建设，就可能会使该国 GDP 增长 2%，并创造多达 140 万个就业岗位。[11]

利益集团游说是自由民主制度的另一个特点，它往往会干扰资产的合理分配。2016 年,游说国会的支出超过 31.5 亿美元，大约是 2000 年的两倍。[12] 在各个行业，特殊利益集团的游说对公共政策决定有明显的影响，对贸易、基础设施以及最终的经济增长都产生了负面影响。例如，环保组织反对石油行业的管道和新勘探项目；农业利益集团游说政府提供农业补贴；美国货运利益集团反对为道路维修增收通行费等（这是美国基础设施被评为"D+"的一个可能原因）。

赢得连任的目标也妨碍了当选官员有效地分配资源。政治周期往往让政客受制于个人和企业利益，正是这些利益为他们的竞选活动提供资金，他们也受制于变幻莫测的民意调查。难怪人们会质疑自由民主制度与人们提高生产力的动力之间的相关性，甚至认为它们之间存在因果关系。实际上，为了在竞争激烈的民主选举中胜出，政客必须为选民提供更多的福利，比如丰厚的养老金或减免税收。随着时间的推移，选民习惯了向政府要求更多（他们知道自己可以从政客那里获得好处），而他们自己也会变得不那么有动力去提高生产力。

尽管民主资本主义取得了值得称道的成功，但它还有另一个致命缺点，那就是当它以更纯粹的形式存在时，可能会滋生腐败。21 世纪初，安然和世通等美国老牌蓝筹股公司以及意大利帕马拉特公司的丑闻，安达信会计师事务所以及随后在破产和调查期间曝出的顶级投行的全球会计丑闻，说明资本主义制度也不能幸免于系统性不法行为。

与民主资本主义相关的另一个问题是，它不能确保消除经济的不平等。相反，像美国这样的国家的富人（他们为政治竞选做出了巨大贡献）正在获得更多的财富、收入和政治影响力，从而扩大了他们与社会其他阶层之间的差距。因为民主政治建立在政治贡献的基础上，它扩大了贫富之间的不平等。正是利用财富来影响政治结果的现象，导致不平等生根发芽。在民主国家抵制利用财富影响选举和政策之前，政府解决不平等问题的举措都将受挫。这可以解释为什么在过去几十年里，"左倾"和"右倾"的民主政府都未能遏制收入不平等的持续扩大。

最后，民主制度容易出现两党把持政局和陷入政治僵局的情况。民主制度本应鼓励竞争性选举，但在大多数情况下，发达的民主国家却陷入了僵化的教条主义政治意识形态。民主选举不是以自由的竞争为特色，萌发出最好的想法，而往往会在两套僵化的信仰之间产生陈腐的冲突。许多西方民主国家与双头垄断也相差无几，由两个主要政党把持政治，美国就是一个很好的例子。迄今为止，还没有哪一个第三方政党能够挑战共和党和民主党的主导地位。然而，"前进"运动党首埃马纽埃尔·马克龙赢得2017年法国大选，又证明了一个长期存在、既定的政治双头垄断格局很容易受到新的第三方的挑战，这取决于当地的情况。

即便如此，民主政治进程也可能导致专政。日本的例子尤其具有启发性。尽管日本有强大的民主制度，但在过去的60多年里，一直是同一政党一次又一次地当选为执政党。日本自由民主党（自民党）是一个保守的政党，自1955年成立以来一直执政，仅有过两次短暂的中断，第一次不到一年，第二次从2009年到2012年。同样，自1994年南非举行第一次自由和公平的选举以来，该国一直由同一政党（非洲人国民大会）统治。

在某些方面，选举过程掩盖了民主更深层次的缺陷。当个别政客犯错时，选民可以撤换他们，因而感到安心，然而这也使民主的基础结构在很大程度上失去了批评、改进和提升的空间。尽管如此，作为民主的传播者，我们仍乐于将它传播到其他国家，对于通过选举轮换政治家便足以回避民主可能存在的弱点这一点感到心满意足。这种观点认为，经济表现不佳可以直接追溯到个别政客失败的政策，还轮不到考虑优化制度的问题。然而，正如我们在前一章看到的，尽管存在种种缺陷，其他政治制度仍然可以大幅提升经济增长和生活水平。有时恰恰是因为它们与成熟的自由民主制度不同。因此，在增长乏力的情况下，我们更应该承认成熟的自由民主国家政治和经济制度的弱点。

可以说，民主最大的弱点之一是改革自身的能力。要成功实现经济增长乃至全球繁荣，民主改革必须成为重中之重。

6. 短视危机

截至目前，本章详细描述了民主制度固有的特点如何促使决策者实施有损经济长期发展的失败政策。然而，在想办法弥补民主制度的缺点时，我们要明白，自由民主国家的政治家不能蓄意支持短期主义，甚至要避免陷入短期思维。他们是完全理性的行为者——对选民做出回应，屈服于媒体的压力，努力继续留任，即使这意味着以牺牲经济的长期繁荣为代价。

当民主发挥作用时，它带来的经济增长和基本自由是其他制度无法实现的。而当它失败时，很难有（如果有的话）另一个在服务人民方面做得更好的制度来取代它。因此，创造增长需要我们保持民主资本主义的核心优势（自由、有效市场、透明度、合理的激励机制），并改革其弱点。我们必须采取措施，改善政治阶层严重的短视现象，协调长期经济挑战与选举周期之间的不匹配问题，保护独立的经济抉择免受政治压力的影响，并避免运转失灵和政治僵局情况的出现。

2013年，海军上将埃里克·奥尔森在弗吉尼亚汉普顿－悉尼学院的毕业典礼上发表讲话时说，在海豹突击队训练项目的历史上，那些参加训练之初身强体壮、干劲十足的年轻人，只有20%的人能够顺利地从训练项目毕业。一项针对另外80%未完成训练的人的研究发现，大多数人是在早餐或午餐时放弃训练的。这群"退出"的人（他们是在对活动的设想而非某个活动过程中退出的）担心，他们接下来要做的事情会太困难、太寒冷、太潮湿、太痛苦或者太累了，他们是因为担心失败而退出的。

这项研究还探讨了那20%最终成为海军海豹突击队队员的人成功的因素，研究范围包括年龄、经历、地域、兴趣、智力、健康水平等。但更有趣的是这项研究在"运动与爱好"一项中展现的内容。在那些成功地从训练中毕业的人中，有三个最重要的指标：一是拥有高水平的国际象棋技能，二是参加过摔跤队，三是在高中或大学参加过水球队。像水球、摔跤这种对体力要求很高又很艰苦的运动会出现在榜单上，这不奇怪，但令人意外的是，国际象棋的排名甚至超过了这两项。

国际象棋的棋手也是战略思考者，他们能预见下一步或下一个将要面临的挑战。他们是从漫长、苛刻而又艰苦的海豹突击队训练计划中顺利毕业的人。他们并不关心早餐或午餐后会发生什么；他们关注的是未来几天或几周的事情，并思考如何以最佳状态来克服未来的挑战。短视是胸怀壮志的海豹突击队队员面临的挑战，也是经济增长面临的挑战。

之所以要对民主进行改革，是为了提高政府的效率，让国家更有能力应对破坏全球增长的经济逆风。本章详细阐述了民主政治模式和市场资本主义制度是如何饱受短期思维困扰的，这种思维不仅影响了决策，还破坏了强劲的长期经济增长前景。要打破这一短期思维，必须使政治周期更有利于民主决策者应

6. 短视危机

对长期经济挑战。最重要的是，这首先需要在市场资本主义制度改革之外，进一步改革政治制度，首先必须确保国家和政治领导人有动力去制定长期政策，而没有短期主义的想法。

根除政治短视势在必行，但这仅仅是第一步。要解决增长困境，直面强劲逆风，还需要进行更彻底的改革。只有全面改革和加强自由民主，才能克服资本主义固有的局限性。下一章将为实现这一目标提出具体建议。有些人可能不禁会认为，这些政治改革必然会伴随着对资本主义本身的彻底重塑。毕竟，当下主要经济学家和金融分析师表现出的迟疑不决和束手无策，充分说明这个制度已经走到了混沌的边缘。

经济学专业人士正感到沮丧。随着全球经济艰难地从半个多世纪以来最严重的金融危机中复苏，民众对长期增长乏力和不断恶化的前景感到担忧，数百年来的正统经济学说越来越受到质疑和嘲笑。经济学家未能预测到2008年的金融危机，经济复苏又出人意料地缓慢，通货膨胀率仍然很低，债务却持续增长。究竟是哪里出了问题？

备受尊敬的经济学家对此感到困惑，他们在专业期刊和专栏文章中试图解释当前的困局。有一点是可以肯定的，经济学的经典模型已经越来越不足以应对经济加速增长的挑战。在过去的经济繁荣和萧条中起调控作用的货币和财政政策工具似乎突然失灵。这在一定程度上是由于全球经济的根本结构发生了变化。在全球化的零和博弈中，优势很快就被劣势抵消，全世界的经济都变得更糟。贸易增长的同时，收入不平等加剧；资本流动增加导致了通胀和债务负担，从而拖累经济增长。

全球经济的结构转型对经济增长的潜在负面影响使问题进一步复杂化，如技术进步、人口结构变化、收入不平等加剧、自然资源稀缺以及日益加重的全球债务负担。

德高望重的经济学家表现得谦逊一些是件好事，但经济并不是在真空中运作的，市场也不是。政府管理经济，政治家制定法律和政策，推动政府。经济学家已经承担了足够多的责任，现在是时候让政治阶层面对他们维护经济健康发展的责任和急需改革的政治制度了。美国政界人士喜欢赞美美国民主制度是何等"优越"，但这一制度正在显露出疲态；主体部分需要改进或重新设计，以便全球的政治领导人能够更好地应对21世纪全球经济的需求和动荡。选举很重要。这也是为什么民主制度改革是完全必要的。

经济的教条主义已经取代了政治上的妥协，就在我们应该架起桥梁的时候，相互竞争的思想流派之间的鸿沟却在扩大。这种经济瘫痪必须在政治改革中找到解决办法。

截至目前，本书详细讲述了当前形势下的自由民主制度如何在不知不觉中抑制了其继续生存必需的经济增长前景。接下来将寻求解决方法，来突破困扰世界主要经济体的政治局限。西方国家仍有巨大的改进空间。这里提出的改革议程默认了经济复苏和未来繁荣的最大障碍从来都不是经济上的障碍，而是政治上的。消除政治障碍既需要政治解决方案，也需要勇敢的政治家。

这与经济进步利害攸关。

7
新民主蓝图

"不自由，毋宁死！"

距离1775年帕特里克·亨利说出这句名言已经200多年了，但这句话至今仍在世界各地的政治运动中回响，它说出了数十亿人的心声：自由是世界上最宝贵的价值——应该成为现代政治和经济制度的核心。帕特里克·亨利的话引起了强烈的共鸣，甚至出现在美国境外的国歌和格言中。乌拉圭国歌《乌拉圭人，誓死保卫祖国》中就有类似的歌词："不自由就光荣地死"，而希腊的国家箴言也是"不自由，毋宁死"。经历了一个多世纪的时间，世界才看到民主资本主义的优点以及这些经济政治制度带来的自由。然而今天，国内外对这些制度的怀疑情绪高涨，现在许多人怀疑，它们是否真的能够实现人类的进步，就像曾经承诺的那样。

过去10年，西方民主国家一直是政治动荡的根源（随着民粹主义在不满的选民中崛起）、经济不确定性上升（源于金融危机），以及经济增长前景恶化（经济逆风加速），这种令人不安的局势凸显了重新审视民主形式的迫切需求，我们需要客观、批判性地重新审视目前民主形式的局限性。

　　的确，怀疑论者是对的。西方民主必须做出调整，否则将进一步衰落。考虑到这一威胁，本章提出了十项彻底的改革措施，旨在重振民主国家政治决策的质量、加强公民责任和选民参与，并最终建立一个政治家追求、选民也支持的长期决策和实现经济增长新方法的民主制度。这里所述的建议执行起来并不容易。有些人可能会觉得它们难以接受，甚至反对。然而，它们为消除困扰全球民主国家的短视现象指明了道路。

　　这些建议分为两类：一类是针对当政者和政治机构的，另一类则针对选民本身。这些措施包括加大废除立法的难度、降低选举的频率、实施任期限制、要求公职人员必须具有非政治经验、强制选民参与投票，以及为选民设定最低资格等。

　　这些建议是针对美国、西欧国家、加拿大、日本和澳大利亚等成熟的民主国家的，因为如果民主失败，这些国家的损失最大。它们代表着民主制度的可行性，它们的例子已经说服世界上许多国家采纳了民主的原则和价值观，并取得了巨大的成功。作为民主的旗手，它们现在必须证明，民主是有复原力的，是能够进行调整的，而不是一成不变的，民主能再次带来经济成功和人类的持续进步。更广泛地说，如果新兴世界国家想要在长期内建立有效的民主制度，那么它们在采纳和推行民主原则的同时，也应留心这些建议。

这些建议可能会遭到一些人的怀疑，他们认为无论什么时候、无论什么问题，答案总是更多的自由，而不是更少。然而，必须要认识到的是，不受限制的自由付出的代价正在拖累世界的经济发展。这些提议将约束政客的行为、减少选民的选择，实际上，也会缩小选民自身的范围。但在政客和选民太自由而不愿采取行动的时候，这些都是必要的约束。

正如我们看到的，相较于明天的经济结果，自由民主国家的政治决策更看重今天的政治结果。以下是旨在改变政客行为，使他们成为长期决策者的十项建议。

第一，决策者应该用政策更严格地约束政府及其继任者。政府的一个关键问题是时间的不一致性，即在任者承诺并颁布的政策往往只是一时之策，经常在后来被废除，从而造成了政策的不确定性，进而损害投资，最终阻碍经济增长。换句话说，现任政治家的偏好往往会随着时间的推移而改变，以致今天的决策者的选择与过去的计划和承诺不一致。约束政府可以解决时间不一致的问题。

取消以往对公共政策的承诺至少有三种情况。第一种是结构性的，那就是政府的一个部门可以推翻另一个部门做出的承诺。这可以从一些国家的做法中看出来，在有些国家（如美国），已经由行政部门谈判达成的国际协定，还需要经由立法机构批准。这意味着，政府可以同意一项条约（比如《跨太平洋伙伴关系协定》），结果却被国会否决，从而削弱了国家在全球舞台上采取行动的能力。第二种情况与遵守现有国际协定有关。我们将从欧盟成员国的例子中清楚地看到这一现象，在缺乏明确的执行机制的情况下，欧盟成员国未能遵守先前商定的债务水平。而第三种情况是政策的可变性，即政客一般不再插手前任造成并遗留到当前的问题。这可以表现为没能继续资助一项昂贵的福利计划，或者没有按照某个特别工作组或委员会的紧急建议采取行动。从辛普森－鲍尔斯模式的例子可以看出，这意味着即使政客认识到了问题，他们以后可能也不会解决这个问题，因为这将使选举变得困难。应对这些情况的办法包括取消额外的批准程序、确保遵守协商结果、防止今后废除和消除时间的不一致。这些都体现了约束政府的方法。

美国国会未能批准《跨太平洋伙伴关系协定》，这个例子清楚地展示了批准程序如何推翻总统做出的决策。尽管奥巴马总统于2016年2月签署了12个国家参与的《跨太平洋伙伴关系协定》，但国会没有就此进行投票。这使协议陷入僵局，直到2017年1月，《跨太平洋伙伴关系协定》最终被特朗普总统否决。奥巴马总统于2016年4月签署的《巴黎协定》也出现了类似的情况；在经历了又一次漫长的国会阻挠后，它在2017年被特朗普总统迅速驳回。

金融危机的影响就是明显的不遵守协商结果的后果，金融危机造成的经济压力暴露了许多欧洲国家的高债务水平。显然，欧盟已经允许一些国家可以不遵守 1992 年《欧洲联盟条约》中商定的债务和财政目标承诺。如果不能有效地执行，未来的国际协定也会像《欧洲联盟条约》一样分崩离析。必须建立一个有成本和代价的执行制度，以确保此类协定顺利执行。

通过建立独立于政党政治之外的国家层面的上层建筑和机构，为摆脱政治短视做出了努力，但即便是这些组织和机构，也可能沦为政策变化的牺牲品。英国国家基础设施委员会成立于 2015 年，是一个跨党派、独立的机构，旨在关注未来 10~30 年的长期基础设施需求。它为部长和议会提供独立咨询意见，并监督决策者对长期事业负责。然而，尽管这个机构是为了长期发展、寻求跨党派共识而设立的，但它的决定并不具有约束力，因而没有话语权。

同样，两党国家财政责任和改革委员会（又称辛普森－鲍尔斯委员会）成立于 2010 年，旨在应对美国的财政挑战。这里再次强调，其目的是将委员会成员从日常的政治压力中解放出来，使他们能够专注于经济的健康发展。具体而言，该委员会的任务是确定"改善中期财政状况和实现长期财政可持续性的政策"。在 2010 年 12 月提交建议后，该委员会获得了两党超过 60% 成员的支持，但仍以 14 票之差未能达到法定要求的压倒性多数。如果该议程获得通过，它将为推动强有力的基础设施政策提供坚实的基础。2012 年 3 月，修订后的议程在美国众议院以 382 票对 38 票被否决。辛普森-鲍尔斯委员会的经历表明，实际上，即便是两党性质、得到广泛支持的试图改造政府的尝试也会被不予理睬。正式支持成立像辛普森-鲍尔斯委员会这种特别工作组的政客，当改变政策会使选举变得艰难时，他们可能也会改变主意。政治氛围可能会改变，改革可能会停滞不前，以前的政策决定也可能会被废除。

各国政府约束自己的国际协定，如世界贸易组织对贸易的承诺、《巴黎协定》等环境条约以及北约等安全协定，可以克服这一问题。通过签署这些条约和协议（其中一些有 10 年的承诺和期限），人们希望政客能够免受游说或选民压力的影响。

尽管各国政府确实背弃了这些承诺，但欧盟的存在，就说明当各国政府以特定的方式来约束自己的行为时，在很大程度上能够奏效。欧盟的根源来自 1957 年签订的《罗马条约》，这一条约建立了欧洲共同体，欧盟成员国基本上达成共识，即使不是字字遵守，也要在精神上坚守自己的承诺。如前所述，欧元区国家在 2008 年金融危机等经济压力较大的情况下，违反了 1992 年《欧洲联盟条约》中规定的债务和赤字上限。它们未能坚持债务与 GDP 之比不超过 60%，政府年度赤字不超过 3%。然而，在欧盟近 60 年的历史中，其成员国政府所做承诺的广度和深度都在不断拓展，成员国数量也从最初的 6 个增加到 28 个。

欧盟是特别好的例子，它反映出信仰各异的不同政府走到一起，在贸易、经济和安全领域订立盟约。由于受到国际约束，各国政府必须在国际协定和国内政策之间取得微妙的平衡,因为它们可以在本国境外推行经济政策,但又必须遵守相应的规则。在这方面,国家政府不仅需要对国内的选民负责,还要对一个更高级别的(国际)机构负责。

近年来,欧盟的政治主张受到了越来越多的审视。欧元区的经济停滞和严重失业导致人们对欧盟的怀疑和失望。随着2016年英国脱欧公投,以及整个欧盟地区民族主义情绪的日益高涨(例如在奥地利、法国和荷兰),欧盟正面临历史上最大的考验。尽管它试图遵循由共识驱动的长期议程,但其与各国政府打交道的基础是紧张的局势,各国政府都有局部、短期的政治压力。本国利益和更广泛的跨界考虑之间的权衡永远是集团条约能否生存下去的关键。

问题是,这种国际承诺的复原力与韧性能否在国家和国内事务领域如法炮制,在这些领域,日常的政治压力要严重得多。实际上,在某些情况下,具有约束力的未来政治行为体和经济政策,可能意味着保证立法丝毫不能被废除,或至少在一个最短的时期内不能被废除。这种立法确保以后的政府无法在规定的时期内修改法律。例如,尽管这些法律并不直接具有经济性质,澳大利亚政府在2005年引入了新的反恐法律,其中部分法律将在10年后,也就是2015年自动失效。在美国,这些措施包括1994年通过、2004年到期的联邦攻击性武器禁令。

这仍然需要现任政府从长远的角度来考虑决策,迫使当政者放弃短期激励。一项在 10 年内才会取得成果的基础设施投资，很难帮他们赢得今天的选票。另外还有一个问题：这种约束力能够经受多大程度的挑战。有先例表明，在经济压力和困难时期是有违约行为发生的。那些最容易受到政治短期主义影响的经济政策必须具有政治约束力。

约束政府带来的并不一定都是积极影响。如果不能避免，有一种类型的约束可能还会产生有害影响。正如《经济学人》在其颇具影响力的一篇名为"民主出了什么问题"（What's Gone Wrong with Democracy）的文章中指出的，政府"习惯于做出空头承诺——要么许诺一些它根本不能兑现的福利，要么发动一场毫无胜算的斗争，比如打击毒品犯罪"。各国政府会定期续签合同，以超过现任总统的任期，从而对未来政府具有约束力。它们订购武器的程序考虑到了分期付款；接受基础设施建设项目的投标；增持债务将来偿还；签署国际条约并加入国际组织，如北约、欧盟、联合国、国际货币基金组织、世界贸易组织和北美自由贸易区等，并承诺在未来几代人的时间里都会履行自己的义务。要解决这一问题，"选民和政府有必要相信遏制政府自然的扩张趋势是有好处的"。《经济学人》建议，"例如，20 世纪 80 年代，政府通过将货币政策控制权转交给独立的中央银行，有效地缓和了失控的通货膨胀。现在是时候将有限政府这一理念推广到其他政策上了。和新生的民主制度一样，成熟的民主制度也需要适当地制衡民选政府的权力"。[1]

在实践中，即便是约束政府的有益举措，也不能保证万无一失地改革自由民主。在许多国家，这甚至是不可能的。例如，英美法系（又称普通法系）国家（英国、澳大利亚、美国、加拿大、印度）和大陆法系国家（德国、法国）一般都坚持立法至上原则，也称为议会主权或议会至上原则。这意味着，立法机构通过的任何法律都能在未来的会议上废除。鉴于我们已经看到了短视政策的有害影响，任何立法机构都不能"约束"未来的会议将会是一个值得称道的目标。然而，在许多方面，现在就有办法解决政府不守信用的问题。例如，如果加拿大国防部的一名官员未能及时处理对承包商的正当欠款，政府可能会被起诉要求赔偿。但是，如果加拿大议会通过了一项法律，废除了加拿大购买战斗机的所有协议，那么加拿大的合同订约方很可能得不到任何法律补救措施（至少在加拿大的法庭上是没有的）。因此，在形式上，这些国家都没有权力束缚自己的手脚，或者囿于政策承诺；立法机关的每一次新会议都是有自治权的。因此，即使所有主要的民主国家都签订了条约和多国协定，但这些协定只有在得到大多数立法者同意时才能保留效力。

在这些国家，为解决时间的不一致和政策的可变性问题，应该为废除政策设置极高的门槛，从而减少频繁的政策更替和短期主义。问题的关键在于，多国协定及其条款必须比目前更有效力。

根据国际法，各国通常受其签署条约条款的约束。同时，任何主权国家都可以随时退出"条约"、"协定"或"国际组织"。各国政府可以自由缔结国际协定，它们也有权向本国立法机构的现任成员表示，永远不能退出该协定。然而实际上，这些国家与私营部门交易的经济稳定性取决于其合同的可靠性。这既是一种威慑，也会带来声誉上的风险。

在约束政府之后，第二项重大改革与竞选资金有关。民主国家必须对竞选捐款实施更严格的限制，避免富裕选民在对选举和政策的影响方面权重过大。许多民主国家已经限制了个人和企业可以向政客捐款的数额，并要求竞选资金的来源透明化。然而，还需要进行更多的改革，特别是在美国，大量的资金通过富人和企业的竞选捐款流向了政客。在 2016 年美国总统选举中，为支持大选候选人，至少筹集了 20 亿美元，当年竞选联邦公职的候选人花费了 68 亿美元，其中大部分用于电视广告。相比之下，竞选捐款和支出在法国都受到了严格的限制，"前进"运动党首马克龙的竞选团队在 2017 年总统大选中共获得了约 900 万欧元的捐款，这些捐款来自约 3.5 万人，平均每人捐款 257 欧元。[2] 2017 年法国总统大选的平均成本为 2.30 欧元（合 2.73 美元）；而 2016 年美国大选的平均选票成本是法国的 7 倍，其中希拉里·克林顿每张选票的成本为 21.64 美元，唐纳德·特朗普每张选票的成本为 15.20 美元。

捐款限额是否真的能带来更好的政策结果，可能很难从经验上准确评判。当然，通过大额捐助者筹集大量资金并不能保证赢得选举，正如希拉里·克林顿在 2016 年选举中得到的教训。同样，正如奥巴马总统在 2008 年参选的例子，捐款较少也不排除获胜的可能。然而，有一点是无可争议的：如果政治制度中的竞选捐款相对不受限制，而且金钱掌控着政治影响力，那么确实会有风险，政客往往（非常理性地）把时间花在取悦和迎合富人捐助者上，而不是考虑所有（投票）公民的意愿。

许多民主国家已经制定了严格的竞选财政规则，规定哪些人可以捐款，以及捐款的数额。还没有规定的国家则应该考虑类似的政策，减少政治腐败，保护和加强其制度的公正性和信誉度。一种可能的解决办法是禁止任何形式的个人和企业私人政治捐款。不过，随着昂贵的电视广告对选举的影响越来越小，候选人可以通过社交媒体以更低的成本更方便地传播信息，征集此类捐款也不再那么必要。然而，今天的竞选资金仍然居高不下，这表明有必要更严格地限制资金流入政界。这样做不仅要限制竞选捐款或竞选支出，还可能意味着民主国家会更严格地限制和规范政治广告，或者为所有候选人划定宣传的底线。无论具体采用哪种方法，还没有这样做的民主国家都必须行动起来，防止少数富人在选举和随后的政策决定中干涉过多。

第三项重大改革措施是，为提高立法质量，应向公职人员支付和私营企业领导一样具有竞争力的薪资，以及绩效奖金。在私营企业，更高的酬劳（包括更高的工资、奖金或其他津贴）是提高绩效的一种激励措施。但很少有国家在奖励议员和其他领导人时采用这种方法,除了新加坡之外。新加坡政府的部长是世界上薪酬最高的政府官员之一,他们的奖金与经济表现(包括 GDP)和自身表现挂钩。新加坡总理的年薪为 170 万美元,是世界各国领导人中收入最高的,薪酬超过了德国、意大利、日本和英国领导人的年薪总和。相比之下,截至 2016 年,美国总统的年收入为 40 万美元,加拿大、德国、英国和日本领导人的年收入分别为 26 万美元、23.44 万美元、21.48 万美元和 20.27 万美元。新加坡因其高效的政府和卓越的经济成就而受到推崇,这表明,大幅上调民主领导人的薪酬可能会带来积极影响。

政客的薪酬问题至少在两个方面影响了民主及其领导人的效率。首先,私营部门和公共部门之间巨大的薪酬差异可能导致公共部门难以吸引和留住最优秀的人才,这些人才反而被私营部门的高薪所吸引。政治领导人和企业领导人之间的薪酬差距已经扩大。例如,1979—2013 年,美国 CEO 的平均年薪增长了 10 倍,从 150 万美元上涨到了 1 500 万美元。而差不多在同一时期,总统的薪酬仅翻了两番,从 1969 年的 10 万美元增至 2001 年的 40 万美元。其次,私营部门和公共部门之间巨大的薪酬差距可能会滋生不正当的激励机制,让政治家和决策者在做决定时着眼于私营部门未来薪酬更高的就业机会。例如,政府官员可能会颁布更宽松、影响更小的规定,因为他们还指望在任期结束后在这些受监管的行业任职。将政治家的工资提高到更具竞争力的水平，可以通过提高公共服务的持续吸引力来帮助解决这些问题。"中转站"问题可以通过"下重金，断后路"的方法来进一步缓解——要求政府职员在离开公职后的至少一个完整选举任期内，不得在私营部门任职。

当然，吸引人们从政是一回事，激励他们长期高效地工作又是另一回事。为此，可以保留一部分提高后的政客薪酬延期支付，而且只能在几年后（或在一届任期结束后）支付。在这种公职人员薪酬延期支付、普遍提升的情况下，薪酬数额就可以更紧密地与国家较长时期内的绩效指标联系起来，如教育质量、医疗质量、不平等程度等。例如，如果 GDP 在此期间以一定的速度增长（或其他衡量生活水平的指标有所增长），所有国会议员都将在几年后的某一年获得奖金。

有些人可能会反驳，支付额外费用（尤其是像以奖金的形式）会促使政客只关注结果，而相对较少地考虑怎样去实现，从而鼓励了不好的行为。一些人声称，2008 年金融危机就是交易员急于创造利润而过度冒险的结果，因为他们的奖金是和利润挂钩的，而没有考虑自己的交易行为会对整体经济产生怎样深远的影响。同样，由奖金激励的抵押贷款经纪人在出售抵押贷款时，没有充分考虑贷款者是否起初就负担得起抵押贷款，也没有充分考虑他们违约的后果。

我们的目标应该是建立合理的激励机制，强调长期的成果，并奖励实现了更远大目标（如 GDP）的成绩，而不是狭隘的利润动机。每年支付给交易员或抵押贷款经纪人的年终奖,并不总是像 10 年后的奖金那样能够激励良好的长期行为。

加薪(包括奖金和业绩奖励)和更严格的"中转站"规则相结合,有助于恢复公共部门工作的地位,并在公务员中培养必要的长期思维。此外,公共和私营部门工作之间更明确的划分也意味着公共决策者将不再那么容易受到逐个公司游说和讨价还价的影响。如果政客获得了足够的酬劳,他们就不会再被私营企业的薪酬诱惑,从而可以更自由地专注于不偏不倚、更有效力的长期决策。

杜绝政客短期思维的第四种方法是改变选举周期,以延长政治人士的任期。这样做是为了让政客能够关注长期的经济挑战,尤其是使政治周期与经济周期的长度相吻合。根据美国国家经济研究局的数据,1945—2009 年共有 11 个经济周期。每个周期包括经济活动的扩张与收缩时期,平均持续 69 个月,大约 6 年。经济扩张持续了约 58.4 个月,而收缩时期约为 11.1 个月。[3] 如果政治家的任期大致与之相同,将激励决策者实施 5~7 年甚至更长时间见效的增长政策,而不是着眼于 1~3 年的计划。在这种情况下,政策制定者将会足够高瞻远瞩,能够预知不可避免的经济收缩。他们会努力降低经济收缩带来的冲击,而不是以消耗经济繁荣的成果来弥补损失,实施大规模减税、扩大支出等措施。在一些国家,政客的任期通常与经济周期的长度密切相关。例如,在巴西,联邦参议员的任期可以长达 8 年;

而在墨西哥和菲律宾，总统任期为 6 年。在这方面，任期 6 年的美国参议院走在了正确的道路上，但每两年举行一次选举的美国众议院却并非如此。

在延长任期的同时，还应实行任期限制——这是对成熟民主制度的第五项关键改革。在美国和其他少数国家，行政长官的任期是有限的，还有几个国家对行政长官的连任有特殊限制。但在整个欧洲，绝大多数政府首脑都没有任期限制。例如，在意大利，总统每一任任期为 7 年，且没有连任限制；在英国，首相任期 5 年，也可以无限期连任；与此同时，美国国会众议员没有任期限制，除了墨西哥，成熟民主国家的国会议员都是如此。来自密歇根州的美国国会议员约翰·丁格尔在任职 59 年零 21 天后于 2014 年退休。来自西弗吉尼亚州的罗伯特·伯德在参众两院共任职 57 年。但令人不安的是，一些民主国家的政治任期与非民主国家的一致。当然，丁格尔和伯德的案例可以说是民主制度中的异类（因为他们只是 535 名国会议员中的两名），但他们的超长任期体现了这一制度的弱点。任何当权几十年的政治家，都有可能陷入自满情绪，致使其担责能力下降。

墨西哥让我们看到了延长但有限的任期在现实中是如何奏效的。1910 年，弗兰西斯科·马德罗以"有效选举，不得连任"为口号，击败曾担任墨西哥总统 35 年的波费里奥·迪亚斯，赢得了选举。从那以后，墨西哥当选的总统任期为 6 年，不能连任。然而，这并不妨碍革命制度党统治墨西哥长达 70 多年，并使现任总统能够亲自挑选他的继任者。从美国的角度来看，墨西哥并不算经济成功的典范。然而，与其他拉丁美洲国家（如巴西、哥伦比亚、秘鲁和厄瓜多尔）相比，墨西哥从相对较弱的经济基础起步，已经取得了辉煌的经济成就。此外，墨西哥的基尼系数为 0.47，收入不平等程度与美国接近；与阿根廷相比，墨西哥的政治环境相对稳定，而且它的信用评级非常高（评级机构穆迪给它的评级为 A3），这反映了它与该地区其他国家（许多是次级投资级别）相比具有良好的经济复原能力。

与墨西哥一样，世界上主要的民主国家也应该认真考虑，对于民主选举出来的官员，如总统、总理、国会议员和议会成员等，应该减少他们的任职期数，延长任期时间，任期最长不得超过 5 年，最多不得超过 2~3 期。朝着这个方向努力，可以使政治家免受频繁竞选的干扰，并让领导人有时间和空间专注于复杂的长期经济挑战的细微之处，也避免产生执政几十年带来的自满情绪和担责不足。鉴于选举成本高昂，减少选举频率也将带来更直接的经济效益。

然而，这种方法至少存在两个问题。首先，撤换那些未能迅速推动经济发展的无能领导人的机会会减少。其次，如果政治家只有一个任期，他可能会觉得对选民负有的责任更少，从而在做出不善的决策时顾虑也会更少。他们可以在一个任期内引起更大的问题，即使他们只有一个任期的时间可以这么做。

尽管如此，权衡利弊，给所有政治家更多的时间来做出更好的长期决策，其好处还是超过了在几年之内都没有机会将一位政治家赶下台带来的风险。正因为这样，第六项改革——对有资格竞选公职的人采取加大鉴别力度的做法——变得至关重要。这种按质量筛选的改革措施旨在排除那些由于缺乏现实经验而政治观点狭隘的领导人，并提高当选人员的素质。

为防止职业政客，民主国家应该为公职人员设定最低标准，要求候选人有政治之外的工作经验——不仅是在商业领域，而且在一系列"现实世界"的工作中都有经验，这样政治家集体会对经济和社会各方面的运作有更多的了解。菲利普·考利（Philip Cowley）在他的一篇名为"起来吧，新手领袖！英国职业政客的不断崛起"（Arise，Novice leader！The Continuing Rise of the Career Politician in Britain）的文章中指出："2010年末，英国主要政党的领导人在非政治领域的从业经验比战后任何时期都要少。"考利认为，这种发展"不太可能是偶然的"，因为几十年来，政党们越来越重视政治经验，因此相对于那些在进入下议院之前专注于积累实际经验的人，他们更青睐职业政治家。[4]近10年过去了，英国的政治阶层仍然以职业政客为主。

2012年，英国下议院图书馆的一项研究进一步揭晓了一个趋势：几乎没有或根本没有现实世界经验的职业政客越来越多。该研究发现，自1983年以来，议会中的职业政客（在选举前从事政治工作的议会内部人士）人数从1983年的20人增加到2010年的90人，增加了3倍多。在同一时期，曾从事体力劳动工作的议会代表人数却出现了完全相反的趋势，从 1983 年的 70 多人减少到了 2010 年的 25 人左右。1987—2010 年，议会中的教师人数减少了一半，大律师作为政治代表的人数从 1997 年的 60 人增至 2010 年的 85 人左右，但仍然不及 20 世纪 60 年代和 70 年代超过 120 人的峰值。[5]

英国现行的制度更青睐完全政治背景的人，这体现在两个方面：第一，政治家的顾问和助手成了他们最理想的继任者；第二，一旦他们进入议会，具有这种背景的官员将最适合晋升为高级领导，掌握更多决策权。但这群职业政治家在经济决策方面的实际经验相对较少。可以说，他们比大多数人都更容易迎合选民的一时兴致，从而牺牲了解决长期经济挑战的机会。这就是他们接受的训练。另外，拥有现实经验的人，比那些只知道民意调查和政治策略的人更容易明白当下的经济需要哪些政策。

民主的目标应该是鼓励那些不仅具有政治经验，还具有非政治经验，而且更愿意关注长期经济成果的政治家当选。当然，要求政客完全不涉政治是一项艰巨的任务。尽管如此，改革还是必须在追求政治目标和长期政策之间找到更好的平衡，减少政府部门的政治化是一个关键手段。

实现这一目标有很多办法。至少，政党可以招募具有相关经验的候选人。相关经验包括任何非政治性的工作，只要这些工作提供了一个视角，让候选人得以了解经济如何运行，以及政策在实践中的是非成败即可。或者，更积极的做法是，民主国家可以设定正式的资格要求，规定公职人员在纯粹的政治经验之外必须拥有的工作经验最低年限。

美国对联邦官员的最低年龄要求（总统或副总统候选人35岁、参议员30岁、众议员25岁），已含蓄地表明其要求候选人具备一定的生活经验，尽管它没有对政治经验和非政治经验加以区分。一些人可能会担心，后一种做法会隐含年龄歧视，因为任何与最低当选年龄有关的限制都必然对年龄较大的候选人更加有利。应该说，任何形式的改革都可能被认为不公正（不论是年龄、教育还是职业），都可能先验地违背了宪法。特别是在美国，如果没有一项明确的宪法修正案，就很难对公职人员的过往经验施加额外的限制，而这需要时间和持续的政治运动。

为达到同样的效果，发起一场可能成为两党合作的运动，以提高政客各方面的才干，各政党可能会对参选人员所需的特质设定最低要求。长远来看，这些最低标准可以先在州一级通过，并最终在全国范围内采用。

另外，一些人可能会担心，最低学业要求必然会限制年轻候选人从政。学校的教育使毕业生无法迅速开始工作，并在一定的年龄之前积累担任公职所需要的经验。然而，在英国，离校年龄为18岁，毕业生要想获得10年的实际商业经验，并在30岁之前尽早进入议会，也并非不可能。

为选出更高质量和更有动力的政治家，另一个办法就是确保选举具有竞争性，候选人需要就广泛的政治观点对选民做出积极回应。因此，第七项改革建议将推动民主国家减少立法选举中无须竞争或稳保的席位。

其核心是成熟的自由民主制度反映了政府与公民之间的契约。在效率最高的民主国家，政府向选民提供一系列公共产品，以换取税收。如果现任官员未能兑现他们的承诺，帮助有效监督政府提供公共产品，他们将被投票下台。换句话说，在个人代表继续留任的愿望驱使下，政府有动力来提供公共产品。正如前面讨论的，频繁的选举可以激励公职人员热情地回应今天的选民，而牺牲为经济的长期健康做出最明智的决定。危险在于，政客完全失去了提供优质公共产品的动力，他们只想迎合选民的即时需求，如减税或增加福利。通过延长任期，引导政策制定者实现长期目标，可以降低这种风险。

当选举不再有激烈竞争时，民主进程中的弱点就出现了。如果一个政治家知道败选的概率很小，那么他就可能只做尽可能少的努力来争取选民，而不会兢兢业业地确保公共产品的供应。这将破坏政府与民众之间的契约，削弱政治家成为强有力的代表和有效决策者的动力。一个高枕无忧的政治家可能会变得散漫无能、效率低下，对经济决策产生不利影响。归根结底，无意中会造成决策者的自满情绪，使他们几乎不用履行在积极有效的长期政策方面的职责，这是一个极大的隐忧。

所有成熟的民主国家在一定程度上都受到非竞争性选举的

7. 新民主蓝图

影响，它们可以继续努力，进一步鼓励选举竞争。即使在英国也是如此，英国有一个独立的委员会来设置选区和选举边界。在美国，缺乏竞争的选举尤其成问题。美国的选区边界往往由现任政治人物划定，目的是丰满自己的羽翼（从而削弱其政治对手），而不是加强政治进程本身。这种不公正的选区划分意味着政客只需要说服自己政党的忠实支持者，实质上变相剥夺了大量选民的选举权。根据皮尤研究中心的数据，"自1992年以来，实际上寻求连任的众议院议员中有93%都获胜了"。例如，在2014年的435个竞争席位中，主要政党之间有19个席位变动。[6]

解决办法是改变选举边界，以尽量减少稳保席位的数目。例如，在北卡罗来纳州，争取"公平地图，公平选举"的活动人士正在试图改革其大会的选举版图，以减少"严重的党派分歧，提高公众对政治制度的信心"。[7]活动人士支持艾奥瓦州重划选区的模式，该模式通过将党派政治人物排除在有关选举边界的决策之外，确保"重划选区过程不受政治影响"。相反，由公务员组成的无党派机构——立法服务局——在每次人口普查后都会重新划分选区，而不会考虑党派的政治优势。

为改善选举结果，应重新划定选区边界，以鼓励竞争性选举和党派平衡。艾奥瓦州的做法是提高选举参与度和增强选举竞争性的一种方式，其目的应是尽量加强不同政治候选人之间的竞争。我们可以超越艾奥瓦模式，不仅支持政党内部的竞争，而且积极支持政党之间的竞争。

竞争激烈的选举有助于促使现任政界人士负起责任，在经济政策和决定的质量上对他们施加压力。这将激励当选官员通过吸引最广泛的选民而非狭隘的利益集团，制定基于共识、满足所有居民需求的优质经济决策。本质上，选举竞争越激烈，现任官员为了争取留任而兑现经济承诺的压力就越大。

政治学上关于选区划分不公与政治两极分化之间关系的争论是非常激烈的。虽然看起来党派色彩较弱的选区应该会产生更具竞争性的选举，进而带来更好的经济决策，但很难找到实证，证明选区边界与经济结果之间存在因果关系。在没有明确证据表明不公正划分选区会对经济产生负面影响的情况下，议员们勾画了一个倾向性支持某一个政党的选区版图。因此，任何抵制选区划分不公的努力都在朝着正确的方向前进。

为取得更好的经济增长成果，自由民主国家的彻底改革绝不能仅仅停留在约束政客的规则上。选民最终要对他们选出来的政治家以及这些政治家制定的经济政策负责。我们还应该重新考虑选民在一个运转顺畅的自由民主制度中的合理角色。

其中一项有必要的改革，也是我的十点建议中的第八项，就是通过强制投票来解决选民参与度下降的问题。根据国际民主与选举援助研究所的数据，老牌民主国家"自19世纪70年代以来投票率缓慢但稳步下降"。[8] 2014年11月，美国只有

36% 的合格选民投出了他们的选票，这是 70 多年来投票率最低的一次。虽然据估计超过 58% 的合格选民在 2016 年美国总统选举中投票，但投票率仍然低于 2008 年（当时为 62%）。自 1900 年以来，美国总统选举的选民投票率几乎从未超过 60%。

世界上许多投票率较高的国家，包括澳大利亚、新加坡、比利时和列支敦士登等，都执行强制性的选举法。其中列支敦士登的投票率为 93%，在西欧国家中最高。截至 2016 年 8 月，在经合组织的成员中，有 5 个国家实行强制投票。在这些地区，投票率接近 100%。世界上有 20 多个国家实行强制投票，包括澳大利亚、比利时、玻利维亚、巴西、刚果民主共和国、埃及、墨西哥、秘鲁和新加坡等。在澳大利亚，选民投票率通常在 90% 左右。在欧盟成员国内部更直接的对比显示，强制性投票的国家拥有非常高的投票率，如比利时和卢森堡分别为 89.6% 和 85.6%。相比之下，西班牙的选民投票率为 43.8%，法国为 42.4%，英国仅为 35.6%。[9]

大多数情况下，强制投票是通过对不投票的人处以罚款来执行的。通常这些罚款金额相对较小。例如，在澳大利亚，第一次不投票且没有充分的理由是罚款 20 澳元，之后是 50 澳元，而在阿根廷，这个数字在 10~20 比索。[10] 很多时候，这种处罚只是象征性地轻描淡写。但是，正如这些国家的选民参与率表明的，即使是小额罚款的威胁显然也会产生影响。在某些情况下，不投票的人确实会面临监禁的威胁，但通常是因为他们没有缴纳罚款，而不是因为没有投票。

对于不投票的其他惩罚措施包括对公民权利或选举权本身的限制。例如，在比利时，选民在至少四次选举中没有投票后，将被剥夺 10 年的选举权，而且很难在公共部门找到工作。在新加坡，不投票者必须重新申请登记，解释他们为什么没有投票。在秘鲁，选民会收到一张盖章的卡片，他们必须在选举结束后的几个月内携带，以证明自己参加了选举。这使他们能够从公共机构获得某些服务和物品。在玻利维亚，选举结束的三个月内，选民都必须出示参与投票的证明，才能从银行领取工资。在墨西哥和意大利，还没有正式的制裁措施，但是不投票可能导致日常的社会处罚。这在意大利被称为"无伤大雅的制裁"，如果你不能出示投票的证据，你可能会受到一些限制，如很难为你的孩子找到儿童保育项目。[11]

在不实行强制投票的国家，选民未能在投票中露面会产生另一种后果。不同群体之间的投票率差异可能会影响选举走向，进而影响政策结果。阿德莱德大学的政治学教授丽莎·希尔针对美国选民未能投票的问题写道："未能投票的问题集中在已经经历过一种或多种'失去'的群体中，即穷人、失业者、无家可归的原住民、孤立的新公民和年轻人……这就把更大的投票权转交给了富人，导致政策不成比例地向部分选民的利益倾斜（政客并不傻，他们知道谁是他们的客户）。如果你认为政治不平等和不被代表人群不利于民主，那么美国民主的合法性也因

7. 新民主蓝图

此受到了损害。"[12]

选民数量越来越少，范围越来越窄，可能导致选举过程更加腐败。17 世纪波兰的"贵族"和 19 世纪初英国"有名无实的选区"问题就是两个典型的例子。在波兰联邦，所有贵族最初都有权给国王投票。然而，随着时间的推移，选举被波兰贵族中最富有和最有权势的少部分成员垄断，从而导致波兰王室式微。"1574 年，第一次王室选举吸引了 4 万名贵族参加，"《经济学人》报道，"到 1674 年，这一数字已降至 5 000 名。低投票率符合显赫权贵的利益，这让他们更容易控制选举，但长期的结果却是掏空了民主共识和国家实力，最终导致了波兰的分裂。"[13]

在 1832 年之前，英国的许多议会选区被描述为"有名无实的选区"，之所以这样命名，是因为人们发现，这个行政区的选民数量实在太少，以致议员的选择掌握在一个人或一个家庭手中，在任者必然会支持这个人或家庭的利益。简单地说，选民越少，政策就越有可能偏袒少数人。

通过建立尽可能广泛的选举基础，强制投票最大限度地提高了民主的质量，提升了民主的效率，并改善了经济政策的成果。当然，由许多无知的人主导的民主也可能对经济增长造成危害。在那些实行强制投票但民众不充分了解情况的国家，可能会成为民粹主义政策的牺牲品，这些政策不利于长期经济的增长和成功。

当务之急是教育民众如何在短期收益和未来增长的成本之间进行权衡。事实上,民主国家应该像关心选民投票数量一样关心选民个人的素质。因此,第九项改革建议是,民主国家必须教育选民了解政策选择的影响。选民必须被推向正确的长期政策选择,而不能被个别人物和短期政策左右。最好的情况下,这项建议要求选民在主要公共政策的知识方面达到最低要求。例如,选民可能需要通过政府主持的公民资格考试才能投票(类似于通过驾驶考试获得驾照),或者在获得选举权之前必须拿到学校强制性公民课程的合格证书。公民权利和选举权的历史错综复杂,这意味着即使是这种考验的建议也会招致批评,如果实施不慎,就会遭到滥用、引发歧视。此外,有些人可能会反对这一提议(即使只是表面上的反对),就像恢复曾经剥夺了美国少数民族和穷人权利的识字测验一样。然而,至少目前看来,通过上述公民资格测试将确保选民做出明智的选择,或者考虑到经济的长远发展。这里提出的改革对选民教育的肯定承诺,有望在选民知识、选民选择以及最终的政策结果方面发挥关键作用。

限制公民投票权的想法似乎与民主价值观背道而驰。人们渴望获得投票权,直到今天仍在为选举权而战,许多人会认为限制选举权的想法有些出格。然而,对于采取措施确保合格选民能够提高决策结果,从而改善经济增长,值得进行一场辩论。民主国家一定要避免在选民教育问题没有解决的情况下延长民选官员的任期。否则，受教育程度低的选民有可能选出一个糟糕的领导人或政府来长期执政，推行糟糕的政策，损害经济增长。提高选民素质将进一步促使政治家做出更好的经济决策，这也让政客没有理由只着眼于短期利益。

简而言之，民主国家的目标应该是扩大选民（根据第八项改革建议）和提高选民决策质量（根据第九项改革建议）双管齐下。而第十项也是最后一项改革——加权投票——将使他们能够同时实现这两个目标。第九项改革要求选民达到一个最低标准，第十项改革则有不同的目标：提高高素质选民的投票地位。实施这两项改革（第九项和第十项改革建议）有效地划分出了三个选民等级：不合格选民、标准选民和高素质选民。某种形式的加权投票将提高高素质选民群体的影响力，即使该群体随着时间的推移而扩大。这样，它就为实现充分知情和参与的选民提供了一条途径。从实际的考量来看，每个社会将有权决定选民是否需要参加额外的测试以提高选民地位（如第十项改革建议的那样），或者选民是否会随着其专业地位或资历的提升而自动获得选民资格的提升。这种改革可能需要修正一些宪法条文。

以往的加权投票尝试往往来源于种族或阶级偏见，而不是基于对选民权重资格的客观务实的评估。例如，在古罗马，议会规定根据社会阶层和财富进行加权投票。在英国殖民地南罗得西亚（现称津巴布韦），根据20世纪60年代的宪法，"交叉投票"制度将选民名单分为两册。A册经过精心挑选，主要包括欧洲裔公民，而B册主要由非洲原住民组成。A册名单上选民的选票对选举结果产生的影响过大，政府又未能推动B册选民登记和到场投票，使A册的影响进一步扩大。在1969年的宪法中，这一制度被另一制度取代，在新制度下，一个名册留给了符合一定财产和教育资格的欧洲人、混种公民和亚洲人，由他们选出50个席位，而由另一个名册上的选民选出8个席位。

尽管最初是因为偏见而被采用，但根据选民的公民知识、年龄、专业资格来决定投票权重，将大幅提高今天的选民素质。但在考虑这些潜在的好处之前，有必要先考察可能采用的加权投票制度的类型。

根据一项拟议的投票加权方案，潜在选民可能会被要求参加一个测试，回答"客观、事实的问题，而不是关于信仰和信念的问题"。选民必须展示对政府结构、基本运作，以及对当前重大事件和政策辩论的了解。这类测试提议在公民考试中已有先例，其中包括移民为获得公民权利必须通过的文化、历史和社会问题测试。如果一个公民对所有问题都回答正确，他的选票将被视为一张完整的选票。"但是，如果我们只答对了3/10的问题，我们的选票将只具有3/10选票的效力。通过这种方式，紧跟政治辩论的公民，其选票将比出于这样或那样的原因错答了大多数问题的公民选票所占权重更大。"[14]

这种方法的另一个选择是"选民加成"制度，即成绩更高的选民将获得奖励。例如，如果在同类公民测验中表现较好，就会获得更多的选票——这种好处而非惩罚可以吸引选民更明智地投票。与上述制度不同的是，每个有资格投票的人至少会获得一张选票，但表现最好的人会得到更多的选票。

加权投票制度还可以考虑年龄因素。一方面，随着一个人在生活中不断进步，积累了更多的工作和生活经验，他的选票应该会更有意义，因而一个新选民的选票应该只占资深选民选票的一部分。另一方面，一个有趣的观点是，年轻人应该比年长者获得更多的选票，因为年轻人应该对未来有更多的发言权，而老年人所剩的寿命相对较少。美国的医疗体系正在向服务于老年人（这是一个强大的利益群体）倾斜，而未来几十年的生产力是要靠年轻人来推动的。如果年轻人的选票权重更多，这些代际权衡就可能会发生改变。

或许最有争议的是，假定在某些领域表现出色可以使一个人更有可能做出明智的投票决定，那么权重也可以与职业资格（如医生、教师、律师等）、就业状况（如医院管理人员、职业经理或 CEO）以及受教育程度和水平挂钩。这种加权可以与年龄加权结合起来，如 30 岁以下选民可以和年长一些但具有专业资格，或者已经取得一定职业地位或教育资格的选民拥有相同的选票影响力。

毫无疑问，任何形式的选民歧视都将被视为与民主原则相悖。的确，选民最低标准改革和加强投票改革的最大阻碍就是对某部分公民的区别对待。然而，正是这些改革的区别对待让我们有可能改善民主。更重要的是，这种形式的选民区分只有建立在真正的精英制度上才能奏效。这意味着所有公民都应有平等的机会成为合格选民和 / 或优质选民。

　　当今主要民主国家普遍实行的普选制度存在着一种长期风险，即选民的冷漠和无知将使政客有机会通过有吸引力的短期承诺来左右选民，而一旦他们上台后就再也不会兑现这些承诺。美国有一个著名的例子，当时的总统候选人乔治·郝伯特·沃克·布什在1988年做出著名承诺："读我的唇语：绝不增税。"这一承诺很可能帮助他赢得了大选。尽管老布什总统在就任总统时反对征收新税，但最终还是同意了1990年的预算方案，增加了几项现有的税收。许多选民认为他食言了，这可能会让他在下次选举中失利。加权投票制度可以避免这种风险，它防止公民出于错误的原因而投票，削弱了最有可能投票失误的选民的影响力。它还削弱了那些最有可能对公共政策辩论漠不关心或不闻不问的人的影响，他们最有可能乱投票，虽然公民总是保留提高素质和选举资格的权利。

　　当然，加权投票制度也不是万无一失的。即使是有知识、有见地的选民也会有短期的痛点，这将动摇他们支持最有利于长期经济增长的政策和候选人。比如，即使知道增税会改善未来的学校建设，选民今天可能也很难投票赞成增税。但选民会更清楚地理解他们的决定，以及自己的选择对经济长期健康的取舍。

总的来说，我们需要用一种新的方式来理解投票、投票目的和参与选举进程。这不仅是一项权利，而且是对公民履行其公民义务的一种奖励，反映了他们作为民主进程同行者的伙伴地位。如果这些改革都落实了，投票变为强制性，加权设置和最低资格测试扩大了有独立见解的选民的权力，那么选民就会做出更明智的选票决定，给国家选出更好的决策者，决策者的政策将带来最繁荣的经济前景。

如果不承认媒体的重要作用，就不可能有可靠的自由民主体制改革。媒体、政治家和选民三方相互制约、相互挑战，从而确保选举透明有效。因此，除了上面提出的十项改革建议之外，成熟的民主国家还应该考虑如何尽可能地确保新闻自由提供优质、公正的信息，使选民能够根据这些信息做出明智的决定。

媒体格局正在发生巨变。皮尤研究中心 2015 年的一项研究发现，61% 的千禧一代和 51% 的 X 一代（指 1965—1980 年出生的美国人）把脸书作为他们获取政治和政府新闻的主要来源。

选民越来越多地通过社交媒体过滤器、志趣相投的个人和个性化的新闻推送来接触新闻。新闻机构越来越政治化，意识形态越来越多，也逐渐失去了公正性。

势头迅猛的个性化媒体品位越来越多地意味着每个选民都有自己坚持的一套事实、假设和看法。这造成了一个脆弱的公民环境，逐渐削弱了政治结果。在经济增长的背景下，政界人士争相对媒体的议题采取行动,意识形态媒体通过 24 小时滚动的新闻,向政界人士和政治阶层灌输了一种短期主义文化,并不断强化这种文化。这可能会分散人们对经济增长长期项目和政策的注意力。

为应对这些趋势,各国可设立一个国家新闻捍卫组织,其任务是提供公正的信息和报道,供选民作为知情选择的依据。以英国为例,英国广播公司就是为满足这一需求而设立的。当然,这些机构可能还不完善;在任的政客经常试图利用它们作为宣传渠道,或者试图限制它们的记者进行调查。然而,总的来说,它们可以弱化新闻媒体的党派倾向、消除媒体偏见,提高选民的知情能力和选举参与度。正是上述对民主的根本性改革,将最终推动政治家和选民采取所需的更明智的政策,确保经济增长。新闻媒体在建立这些政策的共识方面发挥了重要作用。

如果不进行有意义的改革,自由民主将岌岌可危。年轻人已经对自由民主制度越来越持怀疑态度。英国《卫报》曾报道:

> 悉尼洛伊国际政策研究所针对政治态度进行的一项大规模调查发现,在 18~29 岁的澳大利亚年轻人中,只有 42% 的人认为民主是"最合适的政府形式",而在 30 岁及以上的受访者中,这一比例为 65%……问题在于,千禧一代在蔑视民主制度的同时,还充满活力地参与民主辩论。

洛伊国际政策研究所民意调查主任亚历克斯·奥利弗指出，英国的研究显示，与前几代人相比，英国的年轻人要么更愿意做志愿服务、参与社会话题，要么更愿意"创造性地表达自己的政治观点"。

显然，年轻选民对目前的自由民主体制持怀疑态度，但他们对各种事业的热情参与表明，他们渴望在创造和参与这些改革中发挥积极作用。有证据表明，现有的民主方式可能无法为青年（以及更广大的有投票权的公民）提供他们寻求的政治、经济或其他方面进步的渠道。这对现行制度的改革十分必要，而且迫在眉睫。[15]

这里提出的改革建议不仅仅是对世界各地不断涌现的民粹主义的回应，即不仅仅是对造成英国脱欧和 2016 年特朗普当选美国总统的民主问题的"简单修复"，相反，它们的目的是解决导致经济停滞的政治短视这一更为根本的结构性问题。因此，即使英国脱欧和特朗普问题都被解决了，这些改革也同样必要。

虽然全球经济环境的疲软是全面改革自由政治制度的推动力，但民主改革的迫切需要超越了最近对全球化的强烈反对。当前的经济不景气和传统公共政策的无力暴露了政治制度的弱点，使改革议程变得更加急迫。全球经济低迷的问题根源还是民主制度中的政治短视，这种短视导致的资源分配不当，使长期的代际问题更加难以解决。即使逆全球化的趋势有所减缓甚至可能逆转，民主改革仍然是必要的。

本章对大家奉若神明的民主政治制度提出了许多大刀阔斧的改革建议，可能令很多人难以接受。尽管如此，这里提出的改革建议对实现经济繁荣和人类进步仍然至关重要，它试图解决政治上的短视问题，克服前面提到的经济逆风，并最终确保经济的长期可持续增长，提高人民的生活水平。当改革后的民主制度带来了可喜的成果时，它将在全世界被学习借鉴。

我们将在下一章中看到，我们目前的民主停滞风险和对经济进步产生的影响无疑是巨大的，政治制度的改革不容忽视。最终的风险在于，民主国家的选民可能会越来越失望、蒙昧，只能选举出欠合格的民粹主义领导人，制定糟糕的政策，进而损害经济增长。相反，如果上述建议都能得到采纳，得到的回报将是受过良好教育、积极参与的选民，选出干劲十足、资质优秀的领导人，制定出符合国情的长期经济发展政策。随着民主制度的全面改革，我们将更好地实施灵活务实的策略办法，推动 21 世纪的经济增长。

民主转型的责任落在西方成熟的民主国家身上，它们几个世纪来一直在推动这一制度。然而，新兴民主国家也要注意民主进程的弱点。所有的民主国家都应该提高警惕，不要让短期主义动摇政治体制，影响国家根本。这一危险不容忽视，改革也刻不容缓。

8

21世纪改革

截至目前，本书描绘的情况都相当黯淡。

然而，民主政治领域的积极变化是可能的。毕竟，民主政治的结构以前就发生过变化。关于席卷全球经济的各种因素的根源，经济学家可能永远也无法平息相关的争论，但事实是，经济低迷需要干预——而且眼下就需要。解决政治短视问题的民主改革允诺了最光明的前景，可以说这是引导经济走向复苏的唯一希望。这是因为，民主改革作为重磅措施，将拉开长期经济政策的序幕，令全球经济秩序重新洗牌。民主改革可以确保政治家和决策者形成长期思维，解决当前困扰全球经济的长期挑战，进而推动经济的可持续增长。因此，本书建议通过改革西方民主政治体制，来解决西方世界经济增长乏力的问题。虽然取得进一步进展还面临着障碍，但执行前一章所述的改革措施将使我们做出必要的政策选择，以避免最坏经济的可能性。

增长危机

  从社会、政治和经济等方面来看，世界在过去 50 年中取得了惊人的进展。在全球范围内，公民之间的联系更加紧密。普通人的健康状况有所改善。数千万人不用再生活在对疾病和婴儿高死亡率的恐惧之中，而这些在过去是很常见的。人们的寿命将越来越长，数百万人享有更好的教育、饮用水和医疗水平。尽管最近有所紧缩，但世界范围内的长期趋势是更加民主化、更大的新闻自由和更高的透明度。根据相关研究机构的数据，截至 1973 年，世界上只有 29% 的国家是真正自由的。[1] 随着殖民主义、南非的种族隔离和铁幕等压迫制度的瓦解，这一数字现在达到了 45%（尽管全球自由已经连续 11 年下降）。[2]

  随着暴力的减少，更多的国家和人民生活在安全与和平之中。自第二次世界大战以来，几十年已经过去了。在《人性中的善良天使》一书中，斯蒂芬·平克认为，随着时间的推移，一切形式的暴力都在减少，暴力虽然确实还存在，但规模和程度都大大下降了。平克指出，凶杀、家庭暴力、虐待动物和虐待儿童等，以及更为极端的暴力事件都有所减轻和减少。种族灭绝和战争，无论是国际的还是国内的，几十年来都在减少。除了少数例外，如俄罗斯、乌克兰、克里米亚、叙利亚和也门，所有冲突中破坏性最大的国家之间的战争也明显减少了。

  从经济上看，世界也在变得更好，今天的世界比 50 年前繁荣得多。过去 20 年，以 GDP 计算，全球经济几乎翻了一番，从 1996 年的 43.5 万亿美元增至 77.3 万亿美元，其中发展中国家贡献了增长的 50% 以上。在中国，惊人的经济增长率帮助 3 亿多人摆脱了贫困，全球还有数百万人得益于中国的国际贸易和外国直接投资而脱贫。超过 10 亿人摆脱了极端贫困，在世界各地，新的中产阶级已经产生。

过去的半个世纪对发展中国家和发达国家的公民都是有益的。全球化带来了更好和更便宜的产品，再加上技术创新，发达国家人民的生活水平得到了提高。全球 GDP 和人均 GDP 都上涨了，随着世界上最贫穷经济体的收入水平逐渐上升，国家之间的贫富差距也在缩小。尽管本书列举了不少挑战和不利因素，但占据全球 GDP 70% 的美国、中国、欧洲和日本，仍保持经济持续增长，虽然增长率不再是前几年的两位数。此外，技术创新正在变革各种商品与服务，未来的医疗和能源成本都会下降，生活水平会继续提高。尽管贫穷和困苦仍然相当严重，但今天的世界比以往更加安全、繁荣和自由。大多数数据都显示，现在是最好的时代。

但过去的成就不代表未来。尽管当今世界在安全、繁荣和自由方面取得了长足的进步，但这一趋势未必能继续保持。新闻头条几乎每天都传出负面消息，如伊斯兰国家、俄罗斯和克里米亚问题、加沙冲突、收入不平等、保护主义、无序的移民和难民、民族主义、反对全球化的民粹主义、卷土重来的传染疾病等。同时，经济增长似乎在持续放缓。

尽管统计数据显示，世界比以往更加民主，但其中 70% 以上的民主国家被认为是不自由的。此外，虽然过去 30 年有一些国家新加入了西方民主国家阵营，但现在西方模式的吸引力正在减弱，世界经历了一段漫长的相对和平与安全的时期。然而预测表明，一些国家日益脆弱、自然资源短缺导致了许多冲突。世界各地的恐怖主义事件不断发生，这些都指向一个政治日益动荡的世界，而经济的不确定性则加剧了这一动荡。行业报告《展望 2025：救援产业的创造性毁灭》(Horizon 2025: Creative Destruction in the Aid Industry) 提醒，在未来 10 年，世界上 80% 以上的人口将生活在不稳定的环境中，容易受到内战影响，内战可能会升级为边境冲突。[3] 美国国家情报委员会也发布了一份类似的预测，观点不容乐观，称未来几十年还会发生更多冲突。这项研究主要侧重于自然资源冲突，特别是水资源冲突的未来态势，它强调了许多经济体的政治脆弱性。经济与和平研究所 2016 年的一份报告称，2014 年是 15 年来恐怖主义最猖獗的一年，93 个国家发生了袭击事件，造成 32 765 人死亡；2013 年造成了 29 376 人死亡，是恐怖主义较严重的一年。[4]

我们还面临着全球经济停滞不前的困局，这让地缘政治雪上加霜。在本书写作期间，全球债务总额为 217 万亿美元（占全球 GDP 的 327%），而整个欧洲的失业率仍徘徊在两位数——年轻人的失业率甚至更高。2015 年，全球新兴市场的净资本流动自 1988 年以来首次为负值。此后这一数值一直处于波动之中，更凸显了全球投资环境的疲弱。2016 年，世界贸易组织的贸易增长率已连续 5 年跌破 3%。同年，美国经济仅增长 1.6%。俄罗斯和巴西等主要新兴经济体也在 2016 年陷入经济衰退，全球增长形势依然严峻。联合国预测，如果不采取措施，到 2030 年，全球最不发达国家将有 35% 的人口陷入极端贫困。

与此同时，《英国精神病学期刊》报道，经济萧条已导致数亿人无家可归和失业，导致 1 万多人自杀。根据世界卫生组织的数据，到 2030 年，抑郁症将成为威胁人类健康的首要病因，届时抑郁症将成为全球疾病负担的主要来源。[5] 此外，经济发展也是有代价的。经济收益属于那些有资本的人，而不是劳动者。技术进步导致大量底层劳动者失业，人口结构的急剧变化改变了劳动力的质量和数量，自然资源的稀缺和收入不平等的日益加剧架空了整个发达经济体的中产阶级，不断上涨的债务和持续下降的生产率拖累了经济增长。

一个理智的人可能会问：这种持续放缓的经济停滞与 20 世纪世界经济面临的一系列衰退有何区别？当前的经济低迷与 1973 年石油价格飙升之后的 20 世纪 80 年代经济停滞和通胀有何不同？第三章详细阐述了这些问题，它描绘了当前经济增长逆风前所未有的规模和强劲。面对这些挑战，全球决策者的经济政策工具又是何等无能为力。

日益严重的社会、政治和经济问题加重了决策者肩上的负担。诚然，全球经济一直面临着挑战。问题是，作为现行政策指导依据的经济学经典模型，现在被发现是短视、过时、能力不足的。2008年金融危机爆发10年之后，世界经济仍在艰难地寻求如何才能站稳脚跟。尽管对问题的根源还存在诸多争论，但国际社会正在慢慢达成一个广泛的共识，即全球经济正处于危险动荡的境地，面临着前所未有的风险。

在全球范围内，陷入恐慌的政客正在转向更倒退的政治和经济模式：更多的贸易保护，更少的全球化，更严格的资本管制，更少的资本流动，更保守的公司和更多的国家控制。这些模式和政策正在导致资源分配不当，尤其是资本和劳动力资源。这反过来可能会加剧军事和经济上争夺稀缺资源的冲突——迫使政治家做出更糟糕的决定，进而引发恶性循环。关键是，这些政策不仅使各国偏离了民主资本主义的道路，还会使它们离稳健的经济增长越来越远。现在出现了一种恶性循环，一个薄弱、短视的民主进程会带来短视的决策，削弱经济增长，引发反对声音和民粹主义，这让政治越发脆弱，从而进一步损害民主进程并继续破坏增长前景。我们必须打破这种恶性循环，建立一个良性循环，让更强大的改革后的民主带动经济复苏，进而反哺民主。

本书提出了一套经过深思熟虑的改革方案：打倒困扰西方民主进程的短期主义蛀虫，并承诺推行最终将带来更长期经济增长的政策。如果可以按照本书建议的方式进行改革，好处是政策会少受政治权宜之计、短期承诺、党派之争和选举周期的

8. 21世纪改革

影响,更多地从长期考虑出发,从而更有效力。摆脱民主选举进程的短期两极分化和政治化,将使决策者能够专注于困扰经济的长期问题。最符合经济长期利益的事情,才是政治上的当务之急。

由此产生的经济政策将优先考虑长期的经济挑战,并考虑到当今选民对福利和津贴的要求与后代要求之间的代际冲突,毕竟他们将来会面临债务负担和更低的生活水平。没有短期主义和迫切赢得选票的压力,政治家会更注重长期利益,加大对经济支柱产业的投资,如基础设施(包括公路、港口、铁路)和优质教育等。这类可持续投资将提高一个国家的生产率,并显著改善增长前景。

本书描述的改革后的西方民主制度又是如何促进教育政策的呢?与经济的其他方面一样,在教育政策的传统中,被看作进步标志的是支出本身,而非教育成果。在改革后的西方民主体制下,关注长期利益的政客将被劝阻追求选票(因而不再被赢得选票左右)。相反,对政治家的评估将基于该国在教育数据和指标方面的表现。仅向教师工会做出承诺或提倡教育私有化是不能获得选票的,相反,评判政治家的标准变成他们能否为所有公民提供长期有效、优质的公共教育。美国在人均教育支出方面名列前茅,但在教育成果上却远远不及其他发达国家。而现在,去政治化、长期导向的教育政策将有助于美国解决这一问题。加强教育政策可以提高劳动力质量,直接解决经济不利因素。这只是民主改革将带来前瞻性政策和可持续长期投资的一个例子,这些政策与投资将推动经济朝着积极的方向发展。

如果按目前的趋势继续发展下去,世界经济将会变成今天的日本的经济。在过去的 15 年里,日本一直在采用陈旧过时、毫无新意的经济干预措施(主要是货币政策,比如史上最低利率),收效甚微。对世界上最大的发达经济体(以及发展中国家)来说,这个教训启示它们,久经考验的政策最终可能不再奏效。更重要的是,如果要获得经济效益,就必须实施一系列积极有效的措施,小打小闹是不行的。例如,日本在基础设施方面投入巨大,修建了大量桥梁、隧道、公路、铁路以及机场。一般来说,这种投资是很好的,但规划不善使许多基础设施几乎都没有得到利用。日本在"与工程建筑相关的公共投资"上斥资 6.3 万亿美元,但收效甚微。尽管日本的基础设施投资显示了工程方面的成就,一些人也仍然保有工作,但几乎没有证据表明日本的增长速度有所提升。更糟糕的是,日本还背负着沉重的公共债务。

本书提出的十项改革都旨在解决两个核心问题:第一,改善和根除西方民主进程中根深蒂固的短视问题;第二,提高决策的有效性和质量,颁布促进长期增长的政策,化解威胁全球的经济逆风。通过约束政府、延长政治任期和提高薪酬,政客的取向将更有利于实现长期目标，从而解决短视问题。同样，限制竞选捐款也限制了外部利益集团的影响，这些利益集团原本可能会阻碍政客从更长远的角度考虑问题。为选民和政界人士设定最低标准，可以满足优化民主进程的需要。激烈的政治竞争和更少的稳保席位意味着，更多的政治家必须向选民展示他们的能力和资质。最低选民标准会筛选出更有鉴别力的选民，他们能够更好地分析经济论点，选择最有能力贡献出高质量政策的候选人。任期限制可以避免政治家出现自满情绪和超长任期导致的能力下降，进一步提高了政策质量。彻底改变生活方式、推行西方民主政治改革，是阻绝经济侵蚀力量、为全球经济重新建立坚实基础的唯一途径。

谁将带头倡导和实施这些政治改革？短视的政客不太可能接受这一挑战。毕竟，支持一项限制任期的改革议程，无异于亲手断送自己的饭碗。非国家行为体的崛起以及企业和个人税收减免导致的预算紧缩束缚了政治家执政的手脚，更不用说发展和变革政治体系了。

政治体制内的人缺乏进行改革的政治勇气和实力。因此，西方民主改革的动力必须来自体制外而不是体制内。具体来说，引领改革的人可能是有政治头脑的个人，以及那些具有政治领导背景（比如退休的政治家）但被传统政党的顽固分歧耽误或者被职业政客关系网络排除在外的人。另外，智库等无党派机构也有可能。

私营部门（包括富人和企业）在民主进程的复兴中也可以发挥重要作用。正如前面讨论的，普遍的趋势是财富和权力从国家转移到慈善家等非国家行为体手中。这不仅减少了政府可调用的现金，还将许多方面的国家授权，如提供医疗和教育等公共产品的任务，转移到了他们的手中。根据牛津赈灾会的说法，如果没有被亚马逊创始人杰夫·贝佐斯超越，到2042年，比尔·盖茨将成为世界上第一个亿万富翁，其个人财富将超过许多国家的政府。据世界银行估计，有55个国家的财富少于比尔·盖茨的财富。[6] 截至2015年，只有15个国家的GDP超过1万亿美元。比尔·盖茨的财富规模也让他在权力方面登上了世界舞台，使他能够接触并影响世界各地的政治领导人。

这里的重点是，权力和财富从政府向富人转移，削弱了国家力量。与此类似，私营企业的财富和影响力也在逐渐增加，它们在游说和影响公共政策决定方面也越来越有影响力。这不仅是因为它们向政府缴纳了巨额税款，还因为它们雇用了大量的员工，并参与了基础设施的建设（比如通过公私合营的方式）。

此外，在过去几十年里，应广大利益攸关者（政府、非政府组织、监管机构、更广泛的民间社会）的要求，企业已将其职能扩大到不止包括企业利润和收入。它们采取了一系列社会责任措施（包括教育和医疗方面），从而再次侵入了传统上属于国家的职权范围。与个人的情况一样，企业作用的加强使它们有责任确保运营和做出投资决策的政治环境稳定而有效。企业很少在政治变革中公开发挥主导作用，但考虑到它们的名望，企业应该会热衷于发挥有影响力的作用。作为政治改革的一股力量，许多人会怀疑公民和非政府组织的效力，而且会对企业推动民主改革持谨慎态度。然而，由关心此事的公民、非政府组织和企业组成的团体可能是助推改革的一股重要力量。毕竟，他们都希望看到政府能够有效运作。

这里详细介绍的民主改革建议无疑将遭到某些方面的反对。最大的反对声音可能来自那些改革后损失最大、在当前体制下既得利益最多的人，包括在短视的意识形态世界中风光得意和享受媒体日常关注的现任政客、缺乏工作经验的职业政客、媒体人士（短期主义与新闻周期不谋而合），以及蹲守最新时事、回应和民意调查的花边新闻来支持政治运动的政治活动家。当然，还有纯粹的民主主义者，他们认为，任何人，无论资格，都应该被允许参加竞选和投票。在很大程度上，这些反对意见缺乏合法性，因为它们只服务于反对者的狭隘利益，而不符合改善整个民主的更广泛利益。

毫无疑问，这里提出的建议是要对我们现在认知的民主进行大刀阔斧的改革。即使拟议的改革措施没有争议，各方也都普遍认为改革是必要的，落实改革议程的任何部分都将是一项大工程。而事实上，它们将会引起争议，而且这一共识也尚不存在，这将使这项任务更具挑战性。

但是，它仍然值得我们进一步展望。如果这些改革得到实施，它们的倡导者将需要时刻保持警惕，监测其执行情况，并确保实现其预期目标。

一些西方民主国家已经有上述一项或多项建议的某些形式，但仍然难以成功地解决短视问题，因此仍然走在不稳定的经济道路上。要实现这些改革的好处，就要避免采取零碎的方式。而要完成至少一半的改革方案，借鉴管理政客和选民的举措，变恶性循环为良性循环。只做了某一项而没有做另一项，会导致失衡。

成熟的西方民主国家应该为全世界的自由民主国家树立榜样，这一责任十分重大，它们应努力采纳这些建议。

有些人可能认为，这里提出的改革值得在今后几年考虑，但并不紧迫。有令人信服的证据表明，世界正受到威胁，它们最好从自满的历史中吸取教训。近几十年来，从恐怖袭击到金融危机，决策者往往对一些变化和冲击的预警视而不见，虽然明知道它们一旦发生，将永远改变我们的世界。

1995年，美国联邦调查局资深特工、反恐专家约翰·帕特里克·奥尼尔全身心地投入针对国际恐怖主义的行动中，特别是调查1993年世界贸易中心爆炸案。据大多数人说，奥尼尔比联邦调查局的任何人都更积极地调查20世纪90年代支持恐怖主义的国家、"基地"组织特工和世界各地打击美国利益的组织之间的联系。1998年夏天,美国驻内罗毕和达累斯萨拉姆的两个大使馆同时遭到袭击,2000年,美国科尔号驱逐舰在也门驻扎期间遭到轰炸。

随着奥尼尔对国际恐怖主义的阴暗世界调查的深入,他严重地警告华盛顿特区任何愿意听他说的人,美国正面临着重大的威胁。他的警告基本上无人理会。奥尼尔被迫从联邦调查局退休,他声称是因为调查局有人在抹黑他。2001年8月,他到世贸中心担任安全主管。2001年9月11日,世贸中心遭到恐怖袭击,奥尼尔在此次袭击中殉职。

2005年,国际货币基金组织首席经济学家拉古拉迈·拉詹在怀俄明州杰克逊霍尔小镇举行的美联储年度会议上发表了一篇论文,与会者包括来自世界各地的知名经济学家和银行家。拉詹的论文"金融发展让世界面临更大的风险了吗?"(Has Financial Development Made the World Riskier?)指控金融经理被鼓励冒险交易复杂的、监管不足的证券,以换取"丰厚的酬金",而他们的银行却无法提供风险发生时弥补金融市场损失所需的流动性资金。在当时投资者享受着高回报、全球金融市场似乎比以往任何时候都更加稳定的情况下,拉詹提出,"银行间市场可能冻结,很可能爆发全面的金融危机"。[7]

他的论点受到了指责。财政部前部长劳伦斯·萨默斯在自己的演讲中批评拉詹的假设是"误导",并将他斥为"勒德分子"。两年后，这些证券的价格一路下跌，引发了 2008 年的金融危机，将全球经济推到了崩溃的边缘，并证明了全球顶尖的经济学家和银行家并没有像他们想象中那般受到了正确的引领。

"不见棺材不落泪"是人类的本性。祸事降临之前，人们对警告会一直视而不见。这样的话，未来会是什么样的呢？在这方面，第二次世界大战之前和第二次世界大战期间的世界形势都说明了经济政策如何导致全球动荡。我们避免战争和破坏的选择越来越有限。剩下的选择非常简单：现在就采取行动。否则，当政治动荡和经济低迷进一步恶化时，我们将被迫做出反应。当今世界所处的经济动荡环境和地缘政治局势有许多令人不安的特征，曾导致第二次世界大战发生的因素中也有相同的特征。

首先是损害美国经济的政策。通过破坏和削弱美国的政治力量，这些政策为美国的政敌崛起和发动世界大战提供了条件。20 世纪二三十年代，美国在《斯姆特-霍利关税法》的指导下推行保护主义政策，对数千种进口商品征收关税，引发了报复性贸易战，并导致经济增长放缓、失业率飙升，从而加剧了经济大萧条。在 20 世纪 30 年代这些保护主义和孤立主义政策的支持下，疲软的经济为崛起的敌国发动世界大战铺平了道路。

类似地，美国和其他国家（如脱欧后的英国）目前奉行的保护主义和孤立主义道路也会引发更大的经济和地缘政治动荡，大大增加了战争的风险。全球经济萎靡和逆全球化的加深，为美国统治下的和平（一种国际上相对和平的状态）瓦解，以及美国及其盟友在第二次世界大战后建立的自由贸易和资本流动的终结奠定了基础。此外，经济疲软的西方国家（尤其是美国）让新兴的发展中国家有机会挑战美国主导的旧的国际秩序。

半个多世纪以来，美国一直支持全球安全和繁荣发展，并承担了全球公共政策的责任，如维护海上航道的治安。美国不稳定的经济使特朗普有机会登上总统宝座，进入一个破坏全球经济和美国外交政策稳定的新局面。从这个意义上说，特朗普政府的外交政策和美国的经济命运都加剧了日益增加的全球经济和政治不确定性。由于美国的经济形势，世界上几乎每个地区都面临着安全风险。

在欧盟变得岌岌可危、反欧左翼和右翼民粹主义政党之间的极端主义不断升级、欧元区解体之际，美国制造了一个真空地带。随着美国不再充当维稳力量，激进的俄罗斯（威胁到包括叙利亚和乌克兰在内的整个东欧和其他地区的稳定）、冲突不断的中东（包括土耳其、沙特阿拉伯和伊朗）、由宗教问题引发的日益严重的恐怖主义，以及核武器和网络战能力升级带来的风险，随时都有可能恶化。美国在全球的经济和政治地位受到威胁，全球秩序也受到了威胁。以市场为导向的贸易自由化和资本流动体制正在瓦解，取而代之的是民粹主义、反全球化和保护主义政策，这些政策阻碍了贸易，限制了劳动力和资本的流动，不利于世界的紧密联系。历史证明，这些错误的经济选择可能会酿成大祸，导致政治混乱和战争。

必须强调的是，主宰 20 世纪的经济、财政和货币政策以及政治模式已经不足以应对世界面临的经济逆风和增长挑战。随着非国家行为体的出现，政府角色的性质发生了变化，在现有的自由民主框架内解决经济逆风变得更加复杂和棘手。一个世界若是没有民主改革，一定腐朽沉郁；随着社会不平等扩大、分化日趋严重，多年来不合格的选民和素质不高的政治领导人的存在和出现将会加剧贫困与冲突。

所有容易的选择都已成为过去。前路多艰，改革的支持者也很可能会遭到嘲笑和中伤。向新的民主结构演变将极具挑战性。但改革将有助于确保西方民主国家保持其经济领袖和民主进程先锋的地位。

对于全球经济面临的主要风险和挑战，以及无论是在富裕国家还是在贫穷国家，领导人和决策者对未来的准备之不足，本书都敲响了警钟。它还详细阐述了需要采取哪些措施来避免一场将导致经济贫困和混乱的全球灾难。就目前而言，我们准备得还远远不够。

本书至少确保世界得到了预警。当然，目的还不止于此。希望本书能抛砖引玉，引发必要的讨论，关于如何恢复全球经济增长，并将这一增长持续下去，以便我们都能从混沌边缘回到安全地带。

附录

一些国家之比较

国家	达成长期协议的能力	竞选资金的限制	获得高薪机会的限制	延长选举周期（5年以上）	任期限制 立法部门	任期限制 执行部门	最低任职资格[1]	鼓励竞争的选区设计	强制投票	最低选民资格[2]	加权投票制度	实施改革数目（可能10项）
澳大利亚	无	无	无	无。下议院和上议院的最高任期分别为3年和6年	无	无	无	无。由公务员或独立委员会划定的选区	有	无	无	1
巴西	无	有。彻底禁止企业捐款，限制竞选支出	冷却期，但没有永久禁令	无	无	有。总统最多可连任两届，但非连续任期不受限制	无	没有每个州选出的参议员，其他代表根据竞选名单选出	有。18~69岁的人必须投票；不会读写的人无强制要求	无	无	4
加拿大	无	有。候选人的捐款和支出上限	冷却期（5年）	无。最高任期5年	无	无	无	无。独立委员会为反映人口变动重划选区	无	无	无	2
法国	无	有。捐款和支出上限	冷却期（3年）	无	无	有。最多可连任两届	无	无。由国家委员会根据中立原则划定的选区	无	无	无	4
德国	无	无个人捐款限制	无	无	无	无	无	无。联邦议院的一半席位按地区选举产生，另一半基于国家政党名单	无	无	无	0

续表

国家	达成长期协议的能力	竞选资金的限制	获得高薪机会的限制	延长选举周期（5年以上）	任期限制 立法部门	任期限制 执行部门	最低任职资格[1]	鼓励竞争的选区设计	强制投票	最低选民资格[2]	加权投票制度	实施改革数目（可能10项）
印度	无	有。个人无限额，企业在每一财政年度可向任何政党捐助的总金额不得超过前三个财政年度平均净利润的7.5%	无	无。5年的选举周期，除非议会对总统投不信任票的情况下提前解散	无	无	无	无。一个独立的议会委员会每10年重新划分选区，以反映人口普查数据	无	无	无	1
印度尼西亚	无	有。个人和企业有直接捐款限额	无	无。每5年选举一次	无	有。两届	有。只信一位真神；候选人不得有破产经历；申请人必须拥有高中或同等学历；身心健康	无。根据法律规定，按省的数量划分选区	无	无	无	3
意大利	无	有。对一些捐款和所有支出设置上限	无	无。除非提前解散议会，否则议会议员们在任期5年（议会选举中保留席位，在连任期间可以连任）	无	无	无	无。按省划分选区；议员人数视人口而定	无	无	无	1

210

续表

国家	达成长期协议的能力	竞选资金的限制	获得高薪机会的限制	延长选举周期（5年以上）	任期限制 立法部门	任期限制 执行部门	最低任职资格	鼓励竞争的选区设计	强制投票	最低选民标准	加权投票制度	实施改革数目（可能10项）
日本	无	有。对所有捐款和支出设置上限	无	无	无。尽管一些政党对政党领导人实行自己的任期限制	无	无	无。300/500名代表按地理区域划分，200/500名根据政党名单选出	无	无	无	1
墨西哥	无	有。禁止私人和企业捐款，对候选人设置开支上限	有。对前公职人员的限制	无	有。立法者不能连任至少一个周期	有。仅能任一期	无	无。立法代表由两部分组成：地域上得票最多的候选人，以及获得充分支持的每单位前三名候选人	有	无	无	5
俄罗斯	无	有。对个人和企业设置捐款上限，按法律规定的竞选活动最高支出百分比计算	无	无。下议院任期为5年，上议院任期由地方行政人员决定	无	有。总统连任不得超过两届，可以有无限的非连续任期	无正式要求；然而，实际上许多政党被拒绝登记	无。一半的下议院议员根据国家政党名单选出，一半根据地理区域固定产生，上议院基于联邦地区	无	无	无	2
新加坡	无	无。除了透明度和报告有要求外，没有对捐款规模的金钱限制	有。公职人员的高薪	无	无	无	有。年龄至少在45岁以上	无	有	无	无	3

续表

国家	达成长期协议的能力	竞选资金的限制	获得高薪机会的限制	延长选举周期（5年以上）	任期限制		最低任职资格	鼓励竞争的选区设计	强制投票	最低选民标准	加权投票制度	实施改革数目（可能10项）
					立法部门	执行部门						
英国	无	混合型。不限制捐款，但限制政党或候选人的开支	冷却期（部长为2年）	无。最高任期5年	无	无	无	无	无	无	无	2
美国	无	有。限制对竞选活动的直接捐款（不限制外部团体、个人和企业在受保护的政治言论上的独立支出）	冷却期，但没有永久禁令	无。宪法规定了选举周期	无	有。仅能任两届	无	无。各州10年委员会每根据人口普查数据重新划分选区。主要基于党派划分不仅保护了现任者，也有利于负责的政党划分的政党	无	无	无	3

注：1. 不包括公民身份要求。
2. 不包括年龄、公民身份要求，或过去的重罪定罪记录。
3. 阴影部分表明本书建议的西方民主改革在该国已经实施了这项改革。非阴影部分表明该国还未到位。

注 释

序 言

1. Greg R. Lawson, "A Thirty Years' War in the Middle East," *National Interest*, April 16, 2014, nationalinterest.org/feature/thirty-years-war-the-middle-east-10266.
2. "Ripe for Rebellion?" *Economist*, November 18, 2013.
3. "Brazil," World Bank, data.worldbank.org/country/brazil (accessed July 29, 2017).
4. "In U.S., 67% Dissatisfied with Income, Wealth Distribution," Gallup, January 20, 2014, www.gallup.com/poll/166904/dissatisfied-income-wealth-distribution.aspx.
5. "Inequality Is a Threat to American Democracy; Who Will Ring the Bell?" Challenges to Democracy, December 17, 2013, www.challengestodemocracy.us/home/inequality-is-a-threat-to-american-democracy-who-will-ring-the-bell/#sthash.EB6SYGib.dpbs.
6. "GDP Ranking," The World Bank, July 1, 2017, data.worldbank.org/data-catalog/GDP-ranking-table.
7. Thom Patterson, "Why Does America Have So Many Hungry Kids?" CNN, June 15, 2017; Alemayehu Bishaw, "Poverty: 2000–2012," US Census Bureau, September 2013.
8. Charles Murray, "Trump's America," *Wall Street Journal*, February 12, 2016.
9. "Reinvention in the Rust Belt," *Economist*, July 2, 2015.
10. "Unemployment Statistics," Eurostat: Statistics Explained, October 2, 2017, ec.europa.eu/eurostat/statistics-explained/index.php/Unemployment_statistics.

11. "The American Middle Class Is Losing Ground," Pew Research Center, December 9, 2015, www.pewsocialtrends.org/2015/12/09/the-american-middle-class-is-losing-ground.

12. Betsy McKay, "Life Expectancy for White Americans Declines," *Wall Street Journal*, April 20, 2016.

13. J. Bradford Delong and Lawrence H. Summers, "Fiscal Policy in a Depressed Economy," Brookings Papers on Economic Activity, Brookings, Spring 2012, www.brookings.edu/wp-content/uploads/2012/03/2012a_delong.pdf; Paul Krugman, "The Simple Analytics of Monetary Impotence," *New York Times*, December 19, 2014.

14. Glenn Kessler, "Trump's Claim That the US Pays the 'Lion's Share' for NATO," *Washington Post* Fact Checker, March 30, 2016, www.washingtonpost.com/news/fact-checker/wp/2016/03/30/trumps-claim-that-the-u-s-pays-the-lions-share-for-nato/?utm_term=.f5bc64e5b8e2.

15. Lawrence H. Summers, "The Age of Secular Stagnation," *Foreign Affairs*, February 15, 2016.

16. "2013 World Population Data Sheet," Population Reference Bureau, 2013, www.prb.org/pdf13/2013-population-data-sheet_eng.pdf.

1. 增长是当务之急

1. "GINI Index—World Bank Estimate," data.worldbank.org/indicator/SI.POV.GINI (accessed March 4, 2017).

2. David L. Bevan, "Aid, Fiscal Policy, Climate Change, and Growth," WIDER Working Paper 2012/077, UNU-WIDER, Helsinki, 2012.

3. "World Economic Outlook, April 2016," International Monetary Fund, www.imf.org/external/pubs/ft/weo/2016/01 (accessed March 3, 2017).

4. "Small and Medium-Sized Enterprises: Local Strength, Global

Reach," Policy Brief, *OECD Observer*, 2000, www.oecd.org/cfe/leed/1918307.pdf.

5. Joseph S. Pete, "U.S. Steel Starts Layoffs of up to 323 Workers at Gary Works," *Northwest Indiana Times*, April 24, 2015.

6. James Manyika, Jonathan Woetzel, Richard Dobbs, Jaana Remes, Eric Labaye, and Andrew Jordan, "Global Growth: Can Productivity Save the Day in an Aging World?" McKinsey Global Institute, January 2015.

7. Rosemary D. Marcuss and Richard Kane, "U.S. National Income and Product Statistics," Bureau of Economic Analysis, February 2007, www.bea.gov/scb/pdf/2007/02%20February/0207_history_article.pdf.

8. John Helliwell, Richard Layard, and Jeffrey Sachs, eds., *World Happiness Report 2017*, Sustainable Development Solutions Network, 2017, worldhappiness.report/wp-content/uploads/sites/2/2017/03/HR17.pdf.

9. "Human Development Index," United Nations Development Programme, hdr.undp.org/en/content/human-development-index-hdi (accessed November 15, 2017).

10. Michael E. Porter and Scott Stern, *Social Progress Index 2017 Findings Report*, Social Progress Imperative, 2017, www.socialprogressindex.com/assets/downloads/resources/en/ English-2017-Social-Progress-Index-Findings-Report_embargo-d-until-June-21-2017.pdf.

11. "Working Time Required to Buy: Who Works Harder to Buy a Big Mac?" UBS, www.ubs.com/microsites/prices-earnings/edition-2015.html (accessed March 3, 2017).

2. 增长简史

1. Jared M. Diamond, *Guns, Germs, and Steel: The Fates of Human Societies* (New York: Norton, 1999).

2. "What Dutch Disease Is, and Why It's Bad," *Economist*, Novem-

ber 5, 2014.

3. The Maddison-Project, 2013, www.ggdc.net/maddison/maddison-project/home.htm.

4. Ben Carter, "Is China's Economy Really the Largest in the World?" BBC News, December 16, 2014.

5. American Enterprise Institute, "China Global Investment Tracker," www.aei.org/china-global-investment-tracker (accessed March 4, 2017).

6. "The Demographic Timebomb Crippling Japan's Economy," *National Interest*, March 25, 2015, nationalinterest.org/feature/the-demographic-timebomb-crippling-japans-economy-12479; Danielle Demitriou, "Japan's Population to Shrink by a Third by 2065," *Telegraph* (London), April 2, 2017; "Population Projections for Japan (2017)," National Institute of Population and Social Security Research, www.ipss.go.jp/pp-zenkoku/e/zenkoku_e2017/g_images_e/pp29gtsoie.htm (accessed November 15, 2017).

7. G. P. Thomas, "Argentina: Mining, Minerals, and Fuel Resources," *Azomining*, June 7, 2012, www.azomining.com/Article.aspx?ArticleID=21.

8. "The World Factbook: Argentina," Central Intelligence Agency, October 6, 2017, https://www.cia.gov/library/publications/resources/ the-world-factbook/geos/ar.html.

9. David S. Landes, *The Wealth and Poverty of Nations: Why Some Are So Rich and Some So Poor* (New York: Norton, 1998).

10. Niall Ferguson, *Empire: The Rise and Demise of the British World Order and the Lessons for Global Power* (New York: Basic Books, 2004).

11. Dani Rodrik, ed., *In Search of Prosperity: Analytic Narratives on Economic Growth* (Princeton, NJ: Princeton University Press, 2003).

12. Paul Collier and Anke Hoeffler, "Conflicts," in *Global Crises, Global Solutions*, ed. Bjorn Lomborg (Cambridge: Cambridge University Press, 2004).

13. "Rwanda," World Bank, data.worldbank.org/country/rwanda (accessed March 4, 2017).

14. "Global Peace Index 2015," Institute for Economics and Peace, economicsandpeace.org/wp-content/uploads/2015/06/Global-Peace-Index-Report-2015_0.pdf (accessed March 3, 2017).

3. 增长的逆风

1. Tom Brokaw, *The Greatest Generation* (New York: Random House, 1998).

2. Richard Dobbs, Susan Lund, Jonathan Woetzel, and Mina Mutafchieva, "Debt and (Not Much) Deleveraging," McKinsey Global Institute, February 2015.

3. "The World Factbook: Country Comparison: World Debt," Central Intelligence Agency, www.cia.gov/library/publications/the-world-factbook/rankorder/2186rank.html (accessed March 3, 2017).

4. "Report on the Municipal Securities Market," US Securities and Exchange Commission, July 31, 2012.

5. Carmen M. Reinhart and Kenneth S. Rogoff, "Growth in a Time of Debt," *American Economic Review: Papers & Proceedings* 100, no. 2 (May 2010): 573–578.

6. Andrea Pescatori, Damiano Sandri, and John Simon, "Debt and Growth: Is There a Magic Threshold?" International Monetary Fund, February 2014, www.imf.org/en/Publications/WP/Issues/2016/12/31/Debt-and-Growth-Is-There-a-Magic-Threshold-41352.

7. Charles Roxburgh et al., "Lions on the Move: The Progress and Potential of African Economies," McKinsey Global Institute, June 2010, www.mckinsey.com/global-themes/middle-east-and-africa/lions-on-the-move.

8. "How Much Water Does It Take to Grow a Hamburger?" USGS Water Science School, water.usgs.gov/edu/activity-watercontent.html

(accessed March 3, 2017).

9. "ODNI Releases Global Water Security ICA," Office of the Director of National Intelligence, March 22, 2012, www.dni.gov/index.php/newsroom/ press-releases/press-releases-2012/item/529-odni-releases-global-water-security-ica.

10. "Mongolian Government Under Pressure to Resolve Mining Dispute Before End of Year," PGI Intelligence, pgi-intelligence.com/news/getNewsItem/ Mongolian-government-under-pressure-to-resolve-mining-dispute-before-end-of-year/499 (accessed March 4, 2017); Terrance Edwards, "Mongolia Votes to Nationalize Former Russian Copper Mine Stake," Reuters, February 16, 2017.

11. Worldometers, www.worldometers.info/world-population (accessed March 4, 2017).

12. Patrick Gerland et al., "World Population Stabilization Unlikely This Century," *Science* 346, no. 6206 (October 2014): 234–237.

13. *The World's Cities in 2016: Data Booklet*, Population Division, Department of Economic and Social Affairs, United Nations, 2016, www.un.org/en/development/desa/population/publications/pdf/urbanization/the_worlds_cities_in_2016_data_booklet.pdf.

14. *Natural Resources in 2020, 2030, and 2040: Implications for the United States*, National Intelligence Council Report, Chatham House for the National Intelligence Council, May 2015, www.dni.gov/files/documents/NICR% 202013-05%20US%20Nat%20Resources%202020,%202030% 202040.pdf.

15. Adam Pasick, "Japan Is Rapidly Losing Population—and Half the World Is About to Join It," *Quartz*, January 2, 2014, qz.com/162788/japan-is- rapidly-losing-population-and-half-the-world-is-about-to-join-it; "World Population Prospects: The 2015 Revision," Department of Economic and Social Affairs, United Nations, July 29, 2015.

16. *Welfare Trends Report 2016*, Office of Budgetary Responsibility,

United Kingdom, October 2016, budgetresponsibility.org.uk/docs/dlm_uploads/ Welfare-Trends-Report.pdf.

17. "A Slow-Burning Fuse," *Economist*, June 25, 2009.

18. "Implementing the 2030 Agenda for Sustainable Development," United Nations Research Institute for Social Development, www.unrisd.org/80256B3C005BCCF9%2F%28httpAuxPages%29%2F92AF5072673F924DC125804C0044F396%2F%24file%2FFlagship2016.FullReport.pdf (accessed July 13, 2017).

19. *World Population Prospects: The 2015 Revision*, Department of Economic and Social Affairs, United Nations, July 29, 2015, www.un.org/en/development/desa/publications/ world-population-prospects-2015-revision.html.

20. *World Employment Social Outlook: Trends for Youth*, 2016, International Labour Organization, 2016, www.ilo.org/wcmsp5/groups/public/ ---dgreports/---dcomm/---publ/documents/publication/wcm_513739.pdf.

21. Drew DeSilver, "U.S. Students' Academic Achievement Still Lags That of Their Peers in Many Other Countries," Pew Research Center, February 15, 2017, www.pewresearch.org/fact-tank/2017/02/15/u-s-students-internationally-math-science.

22. Elena Kvochko, "Five Ways Technology Can Help the Economy," World Economic Forum, April 11, 2013, www.weforum.org/agenda/2013/04/five-ways-technology-can-help-the-economy; "What Is the Impact of Mobile Telephony on GDP Growth?" Deloitte, November 2012.

23. Carl Benedikt Frey and Michael A. Osborne, "The Future of Employment: How Susceptible Are Jobs to Computerisation?" *Technological Forecasting and Social Change* 114 (January 2017): 254–280.

24. Joel Lee, "Self Driving Cars Endanger Millions of American Jobs (and That's Okay)," *Make Use Of*, June 19, 2015, www.makeuseof.

com/tag/ self-driving-cars-endanger-millions-american-jobs-thats-okay; "Reports, Trends & Statistics," American Trucking Association, www.trucking.org/News_and_Information_Reports_Industry_Data.aspx (accessed November 14, 2017).

25. Rex Nutting, "No, 'Truck Driver' Isn't the Most Common Job in Your State," *Market Watch*, February 12, 2015, www.marketwatch.com/story/no- truck-driver-isnt-the-most-common-job-in-your-state-2015-02-12.

26. Carl Benedikt Frey, Michael A. Osborne, Craig Holmes, et al., "Technology at Work v2.0," Oxford Martin School, Citi, January 2016, www.oxfordmartin.ox.ac.uk/downloads/reports/Citi_GPS_Technology_Work_2.pdf.

27. "As Wages Rise, China's Robot Army Set to Swell," *Today Online*, April 11, 2016, www.todayonline.com/chinaindia/china/wages-rise-chinas-robot-army-set-swell; Steven Johnson, "China's Robot Army Set to Surge," *Financial Times*, April 8, 2016.

28. Frey et al., "Technology at Work v2.0."

29. "Digital Disruption: How FinTech Is Forcing Banking to a Tipping Point," Citi GPS, March 2016, ir.citi.com/SEBhgbdvxes95HWZMmFbjGiU%2FydQ9kbvEbHIruHR%2Fle%2F2Wza4cRvOQUNX8GBWVsV.

30. Brent Neiman, "The Global Decline of the Labor Share," *Quarterly Journal of Economics* 129, no. 1 (2014): 61–103.

31. Darren Acemoglu and David Autor, "Skills, Tasks and Technologies: Implications for Employment and Earnings," chapter 12 in *Handbook of Labor Economics*, vol. 4b (2011): 1075, economics.mit.edu/files/5571.

32. "Cybersecurity: Actions Needed to Strengthen U.S. Capabilities," Government Accountability Office, February 14, 2017, www.gao.gov/assets/690/682756.pdf.

33. Patricia A. Daly, "Agricultural Employment: Has the Decline

Ended?" *Monthly Labor Review* (November 1981).

34. Dani Rodrik, "The Past, Present, and Future of Economic Growth," Global Citizen Foundation, June 2013, www.gcf.ch/wp-content/uploads/2013/06/GCF_Rodrik-working-paper-1_-6.17.131.pdf.

35. S. Basu and J. Fernald, "Information and Communications Technology as a General Purpose Technology: Evidence from US Industry Data," *German Economic Review* 8, no. 2 (2007): 146–173.

36. Frey et al., "Technology at Work v2.0."

37. Deborah Hardoon, "Wealth: Having It All and Wanting More," Oxfam International, January 2015; Deborah Hardoon, "An Economy for the 99%: It's Time to Build a Human Economy That Benefits Everyone, Not Just the Privileged Few," Oxfam International, January 2017, www.oxfam.org/en/research/wealth-having-it-all-and-wanting-more.

38. Alan Dunn, "Average America vs the One Percent," *Forbes*, March 21, 2012, www.forbes.com/sites/moneywisewomen/2012/03/21/average-america-vs-the-one-percent/#59ee67212395.

39. Chuck Collins and Josh Hoxie, "Billionaire Bonanza: The Forbes 400 and the Rest of Us," Institute for Policy Studies, December 1, 2015, www.ips-dc.org/billionaire-bonanza.

40. J. A. Cheshire, "Lives on the Line: Mapping Life Expectancy Along the London Tube Network," *Environment and Planning A* 44, no. 7 (2012).

41. Derek Thompson, "Get Rich, Live Longer: The Ultimate Consequence of Income Inequality," *Atlantic*, April 18, 2014.

42. "What's Gone Wrong with Democracy," *Economist*, February 27, 2014, www.economist.com/node/21596796.

43. Nicholas Confessore, Sarah Cohen, and Karen Yourish, "The Families Funding the 2016 Presidential Election," *New York Times*, October 10, 2015.

44. "Productivity Brief 2015," The Conference Board, 2015, www.

conference-board.org/retrievefile.cfm?filename=The-Conference-Board-2015-Productivity-Brief.pdf&type=subsite.

45. Edoardo Campanella, "Age and Productivity," *Foreign Affairs*, April 20, 2016.

46. "Productivity Brief 2015."

47. "Labour Productivity: Jan to Mar 2016," Office for National Statistics, United Kingdom, July 2016, www.ons.gov.uk/employmentandlabourmarket/peopleinwork/labourproductivity/bulletins/labourproductivity/jantomar2016.

48. Chris Giles, Ferdinando Giugliano, and Sarah O'Connor, "Professional Services at Heart of UK Productivity Problem," *Financial Times*, April 19, 2015.

49. Jennifer Ryan, "Robots Can't Replace IT Workers, Doctors, Dentists, Haldane Says," *Bloomberg*, December 16, 2015.

50. "The World Factbook," Central Intelligence Agency, www.cia.gov/library/publications/ the-world-factbook (accessed March 4, 2017).

51. Adam Szirmai, "Is Manufacturing Still the Main Engine of Growth in Developing Countries?" WiderAngle (blog), United Nations University–Wider, May 2009, www.wider.unu.edu/publication/manufacturing-still-main-engine-growth-developing-countries.

52. Robert J. Gordon, "Is U.S. Economic Growth Over? Faltering Innovation Confronts the Six Headwinds," Working Paper, National Bureau of Economic Research, August 2012.

53. James Manyika, Jonathan Woetzel, Richard Dobbs, Jaana Remes, Eric Labaye, and Andrew Jordan, "Can Long-Term Global Growth Be Saved?," McKinsey Global Institute, January 2015.

4. 误入保护主义"歧途"

1. John Williamson, ed., *Latin American Adjustment: How Much Has Happened?*, Institute for International Economics, March 1990.

2. "The Battle of Smoot-Hawley," *Economist*, December 18, 2008.

3. Pankaj Ghemawat and Steven A. Altman, *DHL Global Connectedness Index 2014*, DHL, October 2014, www.dhl.com/content/dam/Campaigns/gci2014/downloads/dhl_gci_2014_study_low.pdf.

4. Ibid.

5. "Real Wages in Germany: Numerous Years of Decline," DIW Berlin Weekly Report No. 28/2009, German Institute for Economic Research, October 23, 2009, www.diw.de/sixcms/media.php/73/diw_wr_2009-28.pdf.

6. Elise Gould, "2014 Continues a 35-Year Trend of Broad-Based Wage Stagnation," Economic Policy Institute, February 19, 2015, www.epi.org/publication/ stagnant-wages-in-2014.

7. Drew Desilver, "For Most Workers, Real Wages Have Barely Budged for Decades," Pew Research Center, October 9, 2014, www.pewresearch.org/ fact-tank/2014/10/09/for-most-workers-real-wages-have-barely-budged-for-decades.

8. Shawn Donnan, "Global Trade: Structural Shifts," *Financial Times*, March 2, 2016.

9. John W. Miller and William Mauldin, "U.S. Imposes 266% Duty on Some Chinese Steel Imports," *Wall Street Journal*, March 1, 2016; Shawn Donnan, "US to Hike Duties on Chinese Steel to Over 500%," *Financial Times*, June 22, 2016.

10. "U.S.-China Trade: Eliminating Nonmarket Economy Methodology Would Lower Antidumping Duties for Some Chinese Companies," Government Accountability Office, January 10, 2006, www.gpo.gov/fdsys/pkg/GAOREPORTS-GAO-06-231/html/GAOREPORTS-GAO-06-231.htm; Joshua P. Meltzer, "Deepening the United States–Africa Trade and Investment Relationship," Brookings, January 28, 2016, www.brookings.edu/testimonies/deepening-the-united-states-africa-trade-and-investment-relationship.

11. "October 2015 Capital Flows to Emerging Markets," Institute of International Finance, October 1, 2015.

12. Larry Elliott, "IMF Says Economic Growth May Never Return to Pre-Crisis Levels," *Guardian* (London), October 7, 2014; "Legacies, Clouds, Uncertainties," International Monetary Fund, October 2014, www.imf.org/external/pubs/ft/weo/2014/02.

13. "The Australian Economy and the Global Downturn," Treasury, Government of Australia, www.treasury.gov.au/PublicationsAndMedia/Publications/2011/Economic-Roundup-Issue-2/Report/Part-1-Reasons-for-resilience (accessed July 17, 2017).

14. *Global Employment Trends for Youth* 2015: *Scaling Up Investments in Decent Jobs for Youth*, International Labour Organization, 2015, www.ilo.org/wcmsp5/groups/public/---dgreports/---dcomm/---publ/documents/publication/wcms_412015.pdf.

15. Russell Shorto, "The Way Greeks Live Now," *New York Times Magazine*, February 13, 2012.

16. Shawn Donnan, "Obama Blocks Takeover of Tech Group Aixtron," *Financial Times*, December 2, 2016.

5. 西方民主走到尽头了吗

1. Maurice Obstfeld, "Global Growth: Too Slow for Too Long," IMFBlog, April 12, 2016, blogs.imf.org/2016/04/12/global-growth-too-slow-for-too-long.

2. China Global Investment Tracker, American Enterprise Institute Database, www.aei.org/china-global-investment-tracker (accessed November 15, 2017).

3. "World Economic Outlook," International Monetary Fund, April 2017, www.imf.org/en/Publications/WEO/Issues/2017/04/04/world-economic-outlook-april-2017.

4. FT Confidential Research, *Financial Times*, May 2016, next.

ft.com/content/ c33c6854-2351-11e6-aa98-db1e01fabc0c.

5. "Global Patent Applications Rose to 2.9 Million in 2015 on Strong Growth from China," World Intellectual Property Organization, November 23, 2016, www.wipo.int/pressroom/en/articles/2016/article_0017.html.

6. J. A. Cheibub, A. Przeworski, F. P. Limongi Neto, and M. M. Alvarez, "What Makes Democracies Endure?" *Journal of Democracy* 7, no. 1 (1996): 39–55.

7. Steven Johnson, "Strongman Leaders More Trusted Than Democrats in Emerging World," *Financial Times*, October 16, 2016.

8. Joshua Kurlantzick, *Democracy in Retreat: The Revolt of the Middle Class and the Worldwide Decline of Representative Government* (New Haven, CT: Yale University Press, 2013).

9. "World Population," Worldometers, www.worldometers.info/world-population/#region (accessed July 17, 2017); "GDP (Current US$)," World Bank, data.worldbank.org/indicator/NY.GDP.MKTP.CD (accessed July 17, 2017).

10. "Government Effectiveness Indicator," Millennium Challenge Corporation, www.mcc.gov/who-we-fund/indicator/government-effectiveness-indicator (accessed March 4, 2017).

11. Peter Torday, "Coffee Price Soars After Brazilian Frost Damage," *Independent* (London), July 2 , 1994.

12. *The Economic Report of the President, 2010*, Cosimo Reports, 2010, 91.

13. David M. Herzsenhorn, "Ukraine in Turmoil After Leaders Reject Major E.U. Deal," *New York Times*, November 26, 2013.

14. "World Bank Group President Jim Yong Kim's Speech at George Washington University: The World Bank Group Strategy: A Path to End Poverty," The World Bank, October 1, 2013, www.worldbank.org/en/news/speech/2013/10/01/world-bank-group-president-jim-yong-kim-speech-at-george-washington-university.

15. Homi Kharas and Andrew Rogerson, *Horizon 2025: Creative Destruction in the Aid Industry*, Overseas Development Institute, July 2012.

6. 短视危机

1. "Beyond Distrust: How Americans View Their Government," Pew Research Center, www.people-press.org/2015/11/23/1-trust-in-government-1958-2015 (accessed July 17, 2017).

2. "Turbulence Ahead: Renewing Consensus Amidst Greater Volatility," McKinsey Global Institute, September 2016.

3. Dominic Barton, Presentation at Pi Capital, October 2013.

4. Dominic Barton and Mark Wiseman, "The Cost of Confusing Shareholder Value and Short-Term Profit," *Financial Times*, March 31, 2015.

5. Barry Ritholtz, "Where Have All the Public Companies Gone?" *Bloomberg View*, June 24, 2015.

6. Teresa Kroeger, Tanyell Cooke, and Elisa Gould, "The Class of 2016," Economic Policy Institute, April 21, 2016, www.epi.org/publication/class-of-2016.

7. "Investing in Britain's Future," Her Majesty's Treasury, June 2013, www.gov.uk/government/publications/investing-in-britains-future.

8. "2015 Income and Poverty Census Report," US Census, 2016, documents.latimes.com/2015-income-and-poverty-census-report; "GDP per Capita (Current US$)," The World Bank, data.worldbank.org/indicator/NY.GDP.PCAP.CD?locations=XC (accessed July 17, 2017).

9. "GDP (Current US$)," The World Bank, data.worldbank.org/indicator/NY.GDP.MKTP.CD (accessed July 17, 2017).

10. John Elliott, "Democracy Has Become a Fig Leaf to Cover India's Failures," *Economic Times* (India), March 30, 2014.

11. "Global Infrastructure Investment: Timing Is Everything (and Now

Is the Time)," Standard & Poor's Rating Services, January 13, 2015, www.tfreview.com/sites/default/files/SP_Economic%20Research_Global%20Infrastructure%20Investment%20(2).pdf; Klaus Schwab, *Global Competitiveness Report* 2016–2017, World Economic Forum, 2016, www3.weforum.org/docs/ GCR2016-2017/05FullReport/TheGlobalCompetitivenessReport 2016-2017_FINAL.pdf.

12. "Lobbying Database," Open Secrets, www.opensecrets.org/lobby (accessed November 14, 2017).

7. 新民主蓝图

1. "What's Gone Wrong with Democracy," *Economist*, February 27, 2014, www.economist.com/node/21596796.

2. Andreas Becker, "French Elections: Who Finances the Candidates?" DW, May 5, 2017, www.dw.com/en/french-elections-who-finances-the-candidates/a-38704682.

3. "US Business Cycle Expansions and Contractions," National Bureau of Economic Research, www.nber.org/cycles.html (accessed October 23, 2017).

4. Philip Cowley, "Arise, Novice Leader! The Continuing Rise of the Career Politician in Britain," *Politics* 32, no. 1 (2012): 31–38.

5. Chrysa Lamprinakou, "'The Profession I Chose Was Politics': The New Generation of Political Insiders," Parliamentary Candidates UK, November 27, 2014, parliamentarycandidates.org/news/the-profession-i-chose-was-politics-the-new-generation-of-political-insiders.

6. Drew DeSilver, "House Seats Rarely Flip from One Party to the Other," Pew Research Center, September 7, 2016, www.pewresearch.org/ fact-tank/2016/09/07/house-seats-rarely-flip-from-one-party-to-the-other.

7. "End Gerrymandering Now," endgerrymanderingnow.org/why-reform (accessed July 17, 2017).

8. "Global Voter Turnout Declining," press release, International IDEA, archive.idea.int/press/pr20020419.htm (accessed October 23, 2017).

9. "Results of the 2014 European Elections," European Parliament, www.europarl.europa.eu/elections2014-results/en/turnout.html.

10. Costas Panagopoulos, "The Calculus of Voting in Compulsory Voting Systems," *Political Behavior* 30, no. 4 (December 2008): 455–467.

11. Elliot Frankal, "Compulsory Voting Around the World," *Guardian* (London), July 4, 2005.

12. Lisa Hill, "What We've Seen in Australia with Mandatory Voting," *New York Times*, November 7, 2011.

13. "Want to Make Me?" *Economist*, May 20, 2015.

14. Stefan Hansen, "Democracy of the Future—Nothing Less," *Scenario*, May 19, 2011.

15. Michael Safi, "Have Millennials Given Up on Democracy?" *Guardian* (London), March 18, 2016.

8. 21世纪改革

1. "Country Status Distribution, 1972–2016," 2016, Freedom House, freedomhouse.org/report-types/freedom-world.

2. *Freedom in the World 2017*, Freedom House, 2017, freedomhouse.org/sites/default/files/FH_FIW_2017_Report_Final.pdf.

3. Homi Kharas and Andrew Rogerson, *Horizon 2025: Creative Destruction in the Aid Industry*, Overseas Development Institute, July 2012, www.odi.org/sites/odi.org.uk/files/odi-assets/publications-opinion-files/7723.pdf.

4. "Global Terrorism Index 2016," Institute for Economics and Peace,

November 2016, economicsandpeace.org/wp-content/uploads/2016/11/Global-Terrorism-Index-2016.2.pdf.

5. Aaron Reeves, Martin McKee, and David Stuckler, "Economic Suicides in the Great Recession in Europe and North America," *British Journal of Psychiatry* (June 2014); "Depression: A Global Crisis," World Federation for Mental Health, October 10, 2012, www.who.int/mental_health/management/depression/wfmh_paper_depression_wmhd_2012.pdf.

6. Chris Weller, "Jeff Bezos Could Be the World's First Trillionaire by 2042," *Business Insider*, July 28, 2017.

7. Raghuram G. Rajan, "Has Financial Development Made the World Riskier?," NBER Working Paper No. 11728, National Bureau of Economic Research, November 2005, www.nber.org/papers/w11728.

参考文献

Acemoglu, Darren, and David Autor. "Skills, Tasks and Technologies: Implications for Employment and Earnings." Chapter 12 in *Handbook of Labor Economics*, vol. 4b (2011): 1075. economics.mit.edu/files/5571.

Alpert, Daniel. "Glut: The U.S. Economy and the American Worker in the Age of Oversupply." Third Way. April 4, 2016. www.thirdway.org/report/ glut-the-us-economy-and-the-american-worker-in-the-age-of-oversupply.

American Enterprise Institute. "China Global Investment Tracker." www.aei.org/china-global-investment-tracker. Accessed March 4, 2017.

"Are the Rich Getting Richer and the Poor Getting Poorer?" US Census Bureau. September 2015. www.census.gov/topics/income-poverty/income-inequality.html.

"Argentina GDP Growth Rate." Trading Economics. www.tradingeconomics.com/argentina/gdp-growth. Accessed October 23, 2017.

"As Wages Rise, China's Robot Army Set to Swell." *Today Online*, April 2, 2016. www.todayonline.com/chinaindia/china/wages-rise-chinas-robot-army-set-swell.

"The Australian Economy and the Global Downturn." Treasury, Government of Australia. www.treasury.gov.au/PublicationsAndMedia/Publications/2011/Economic-Roundup-Issue-2/Report/Part-1-Reasons-for-resilience. Accessed July 17, 2017.

Barton, Dominic. Presentation at Pi Capital. October 2013.

Barton, Dominic, and Mark Wiseman. "The Cost of Confusing Shareholder Value and Short-Term Profit." *Financial Times*, March 31, 2015.

"The Battle of Smoot-Hawley." *Economist*, December 18, 2008.

Becker, Andreas. "French Elections: Who Finances the Candidates?" DW. May 5, 2017. www.dw.com/en/french-elections-who-finances-the-candidates/a-38704682.

Bevan, David L. "Aid, Fiscal Policy, Climate Change, and Growth." WIDER Working Paper 2012/077. UNU-WIDER, Helsinki, 2012.

"Beyond Distrust: How Americans View Their Government." Pew Research Center. November 23, 2015. www.people-press.org/2015/11/23/1-trust-in-government-1958-2015.

"The Big Mac Index." *Economist*, July 13, 2017.

Bildt, Carl. "How the West Was Lost." Project Syndicate, May 25, 2016. www.project-syndicate.org/commentary/free-trade-trump-sanders-protectionism-by-carl-bildt-2016-05.

Bishaw, Alemayehu. "Poverty: 2000–2012." US Census Bureau. September 2013.

Bloom, Nicholas, Mirko Draca, and John Van Reenen. "Trade Induced Technical Change? The Impact of Chinese Imports on Innovation, IT and Productivity." National Bureau of Economic Research. January 2011. www.nber.org/papers/w16717.

Brancaccio, David. "From the Richest to Poorest in New York City." Marketplace.org. April 24, 2012. www.marketplace.org/2012/04/24/elections/ real-economy/richest-poorest-new-york-city.

Brokaw, Tom. *The Greatest Generation*. New York: Random House, 1998.

Bulletin. Reserve Bank of Australia. June Quarter 2014. www.rba.gov.au/publications/bulletin/2014/jun/pdf/bu-0614.pdf.

Campanella, Edoardo. "Age and Productivity: Do Older Workforces

Contribute to Low Economic Growth?" *Foreign Affairs*, April 20, 2016.

Carter, Ben. "Is China's Economy Really the Largest in the World?" BBC News, December 16, 2014.

Caumont, Andrea, and D'Vera Cohn. "10 Demographic Trends That Are Shaping the U.S. and the World." Pew Research Center. March 31, 2016. www.pewresearch.org/fact-tank/2016/03/31/10-demographic-trends-that-are-shaping-the-u-s-and-the-world.

Chambers, Elizabeth G., et al. "The War for Talent." *McKinsey Quarterly*, August 29, 2007.

Cheibub, J. A., A. Przeworski, F. P. Limongi Neto, and M. M. Alvarez. "What Makes Democracies Endure?" *Journal of Democracy* 7, no. 1 (1996): 39–55.

Cheshire, J. "Lives on the Line: Mapping Life Expectancy Along the London Tube Network." *Environment and Planning A* 44, no. 7 (2012).

"China Global Investment Tracker." American Enterprise Institute and the Heritage Foundation. www.aei.org/china-global-investment-tracker. Accessed November 15, 2017.

"China Going Global Investment Index." Economist Intelligence Unit. www.eiu.com/public/topical_report.aspx?campaignid=ChinaGoing Global. Accessed November 15, 2017.

Chinn, Menzie D., and Hiro Ito. "A New Measure of Financial Openness." *Journal of Comparative Policy Analysis: Research and Practice* 10, no. 3 (September 2008): 309–322.

Collier, Paul, and Anke Hoeffler. "Conflicts." In *Global Crises, Global Solutions*, edited by Bjorn Lomborg, 129–174. Cambridge: Cambridge University Press, 2004.

Collins, Chuck, and Josh Hoxie. "Billionaire Bonanza: The Forbes 400 and the Rest of Us." Institute for Policy Studies. December 1, 2015.

www.ips-dc.org/billionaire-bonanza.

"Coming to an Office Near You." *Economist*, January 18, 2014.

"Compulsory Voting." International Institute for Democracy and Electoral Assistance. www.idea.int/data-tools/data/voter-turnout/compulsory-voting. Accessed November 15, 2017.

Confessore, Nicholas, Sarah Cohen, and Karen Yorish. "2016 Presidential Election Super Pac Donors." *New York Times*, October 2, 2015.

Coolidge, Kelsey, D. Conor Seyle, and Thomas G. Weiss. "The Rise of Non-State Actors in Global Governance Opportunities and Limitations." One Earth Future Foundation. November 2013. acuns.org/wp-content/uploads/2013/11/gg-weiss.pdf.

"Country Status Distribution, 1972–2016." Freedom House. 2016. freedomhouse.org/report-types/freedom-world.

Cowen, Tyler. "Income Inequality Is Not Rising Globally; It's Falling." *New York Times*, July 19, 2014.

Cowley, Philip. "Arise, Novice Leader! The Continuing Rise of the Career Politician in Britain." *Politics* 32 (2012): 31–38.

"Crisis and Recovery in the World Economy." In *2010 Economic Report of the President*. White House. 2010. obamawhitehouse.archives.gov/sites/default/files/microsites/ economic-report-president-chapter-3r2.pdf.

"Cyber Crime—A Growing Challenge for Governments." *KPMG International Issues Monitor* 8 (July 2011).

Cybersecurity: Actions Needed to Strengthen U.S. Capabilities. Government Accountability Office. February 14, 2017. www.gao.gov/assets/690/682756.pdf.

Dabla-Norris, Era, Kalpana Kochhar, Nujin Suphaphiphat, Frantisek Ricka, and Evridiki Tsounta. "Causes and Consequences of Income Inequality: A Global Perspective." International Monetary Fund.

June 2015. www.imf.org/external/pubs/ft/sdn/2015/sdn1513.pdf.

Daly, Patricia A. "Agricultural Employment: Has the Decline Ended?" *Monthly Labor Review* (November 1981).

"Debt and Growth: Breaking the Threshold." *Economist*, March 1, 2014.

Delong, J. Bradford, and Lawrence H. Summers. *Fiscal Policy in a Depressed Economy*. Brookings Papers on Economic Activity. Brookings. Spring 2012. www.brookings.edu/wp-content/uploads/2012/03/2012a_delong.pdf.

Demitriou, Danielle. "Japan's Population to Shrink by a Third by 2065." *Telegraph* (London), April 2, 2017.

"Democracy in an Age of Anxiety: Democracy Index 2015." Economist Intelligence Unit. www.eiu.com/public/topical_report.aspx?campaignid=DemocracyIndex2015.

"Demographics and Commodities." Evercore ISI Global Demographics. June 2015.

"Demographics of Frontier Economies." Credit Suisse Global Fixed Income Research. April 2016.

"Depression: A Global Crisis." World Health Organization. October 10, 2012.

DeSilver, Drew. "For Most Workers, Real Wages Have Barely Budged for Decades." Pew Research Center. October 9, 2014. www.pewresearch.org/fact-tank/2014/10/09/for-most-workers-real-wages-have-barely-budged-for-decades.

———. "House Seats Rarely Flip from One Party to the Other." Pew Research Center. September 7, 2016. www.pewresearch.org/fact-tank/2016/09/07/house-seats-rarely-flip-from-one-party-to-the-other.

———. "U.S. Students' Academic Achievement Still Lags That of Their Peers in Many Other Countries." Pew Research Center. February 15, 2017. www.pewresearch.org/fact-tank/2017/02/

15/u-s-students-internationally-math-science.

Diamond, Jared. *Guns, Germs, and Steel: The Fates of Human Societies.* New York: Norton, 1997.

"Digital Disruption: How FinTech Is Forcing Banking to a Tipping Point." Citi Global Perspectives & Solutions (GPS). March 2016. ir.citi.com/SEBhgbdvxes95HWZMmFbjGiU%2FydQ9kbvEbHIru HR%2Fle%2F2Wza4cRvOQUNX8GBWVsV.

Discarding Democracy: A Return to the Iron Fist. Freedom House. 2015. freedomhouse.org/sites/default/files/01152015_FIW_2015_final.pdf.

"Disruptive Technologies: Advances That Will Transform Life, Business and Global Economy." McKinsey Global Institute. May 2013. www.mckinsey.com/business-functions/digital-mckinsey/our-insights/disruptive-technologies.

Dobbs, Richard, Tim Koller, Susan Lund, Sree Ramaswamy, Jon Harris, Mekala Krishnan, and Duncan Kauffman. "Why Investors May Need to Lower Their Sights." McKinsey Global Institute. April 2016. www.mckinsey.com/industries/private-equity-and-principal-investors/our-insights/why-investors-may-need-to-lower-their-sights.

Dobbs, Richard, Susan Lund, Jonathan Woetzel, and Mina Mutafchieva. "Debt and (Not Much) Deleveraging." McKinsey Global Institute. February 2015.

Dobbs, Richard, James Manyika, Jonathan Woetzel, Jaana Remes, Jesko Perry, Greg Kelly, Kanaka Pattabiraman, and Hemant Sharma. "Urban World: The Global Consumers to Watch." McKinsey Global Institute. March 2016.

Donnan, Shawn. "Global Trade: Structural Shifts." *Financial Times*, March 2, 2016.

———. "Obama Blocks Takeover of Tech Group Aixtron." *Financial Times*, December 2, 2016.

———. "US to Hike Duties on Chinese Steel to Over 500%." *Financial Times*, June 22, 2016.

Donnan, Shawn, and Joe Leahy. "World Trade Records Biggest Reversal Since Crisis." *Financial Times*, February 25, 2016.

Dreher, Axel. "Does Globalization Affect Growth? Evidence from a New Index of Globalization." *Applied Economics* 38, no. 10 (2006): 1091–1110.

Dunn, Alan. "Average America vs the One Percent." *Forbes*, March 21, 2012.

Dwyer, Paula. "A Basic Income Should Be the Next Big Thing." *Bloomberg*, May 2, 2016.

"The Economic Impact of the Achievement Gap in America's Schools." McKinsey Global Institute. April 2009. mckinseyonsociety.com/the-economic-impact-of-the-achievement-gap-in-americas-schools.

The Economic Report of the President 2010. Cosimo Reports. 2010.

"Economy and Growth." World Bank. data.worldbank.org/topic/economy-and-growth. Accessed November 14, 2017.

Edwards, Terrance. "Mongolia Votes to Nationalize Former Russian Copper Mine Stake." Reuters. February 16, 2017.

Eichengreen, Barry. "What's Holding Back Global Productivity Growth?" World Economic Forum. December 2 , 2015.

Elliott, John. "Democracy Has Become a Fig Leaf to Cover India's Failures." *Economic Times*, March 30, 2014.

Elliott, Larry. "IMF Says Economic Growth May Never Return to Pre-Crisis Levels." *Guardian* (London), October 7, 2014.

Ezrati, Milton. "The Demographic Timebomb Crippling Japan's Economy." *National Interest*, March 25, 2015.

FAO Statistical Pocketbook 2015. Food and Agriculture Organization of the United Nations. 2015. www.fao.org/3/a-i4691e.pdf.

Ferguson, Niall. *Empire: The Rise and Demise of the British World Order and the Lessons for Global Power.* New York: Basic Books, 2004.

"Financial Trust Index." University of Chicago Booth School of Business and Northwestern University Kellogg School of Management. www.financialtrustindex.org. Accessed November 15, 2017.

Forttrell, Quentin. "Most Americans Are One Paycheck Away from the Street." *Market Watch,* January 31, 2015. www.marketwatch.com/ story/ most-americans-are-one-paycheck-away-from-the-street-2015-01-07.

Fox, Margalit. "Keith Tantlinger, Builder of Cargo Container Dies at 92." *New York Times,* September 6, 2011.

"Fragile States Index: 2015." The Fund for Peace. 2015.

Frankal, Elliot. "Compulsory Voting Around the World." *Guardian* (London), July 4, 2005.

Freedom in the World Report 2012. Freedom House. freedomhouse.org/ report/ freedom-world/freedom-world-2012.

Freedom in the World Report 2015. Freedom House. freedomhouse.org/ report/ freedom-world/freedom-world-2015.

Freedom in the World Report 2017. Freedom House. freedomhouse.org/sites/ default/files/FH_FIW_2017_Report_Final.pdf.

Frey, Carl Benedikt, and Michael A. Osborne. "The Future of Employment: How Susceptible Are Jobs to Computerisation?" Oxford Martin School. September 17, 2013.

———. "Technology at Work: The Future of Innovation and Employment." Citi Global Perspectives & Solutions (GPS) and Oxford Martin School. February 3, 2015.

Fry, Richard. "Millennials Overtake Baby Boomers as America's Largest Generation." Pew Research Center. April 25, 2016. www.pewresearch. org/ fact-tank/2016/04/25/millennials-overtake-baby-boomers.

FT Confidential Research. *Financial Times,* May 2016. next.ft.com/ content/ c33c6854-2351-11e6-aa98-db1e01fabc0c.

Furceri, Davide, Prakash Loungani, and Jonathan D. Ostry. "Neoliberalism: Oversold?" *International Monetary Fund* 53, no. 2 (June 2016).

"The Future of Jobs." World Economic Forum. January 2016. reports.weforum.org/future-of-jobs-2016.

Gabler, Neal. "The Secret Shame of Middle-Class Americans." *Atlantic* (May 2016).

Gallup. "2015 Gallup World Poll." www.gallup.com/services/170945/world-poll.aspx. Accessed July 13, 2017.

Gallup-Sharecare. Well-Being Index 2014. www.well-beingindex.com. Accessed July 13, 2017.

Garemo, Nicklas, Martin Hjerpe, and Jan Mischke. "The Infrastructure Conundrum: Improving Productivity." McKinsey & Company. July 2015. www.mckinsey.com/industries/capital-projects-and-infrastructure/our-insights/the-infrastructure-conundrum-improving-productivity.

Gerland, Patrick, et al. "World Population Stabilization Unlikely This Century." *Science* 346, no. 6206 (2014): 234–237.

Ghemawat, Pankaj, and Steven A. Altman. *DHL Global Connectedness Index 2014*. DHL. October 2014. www.dhl.com/content/dam/Campaigns/gci2014/downloads/dhl_gci_2014_study_high.pdf.

Giles, Chris, Ferdinando Giugliano, and Sarah O'Connor. "Professional Services at Heart of UK Productivity Problem." *Financial Times*. www.ft.com/content/3e0082a8-e502-11e4-bb4b-00144feab7de. Accessed March 4, 2017.

"Global Competitiveness Report: 2015–2016." World Economic Forum. reports.weforum.org/global-competitiveness-report-2015-2016. Accessed November 15, 2017.

"Global Economic Outlook, June 2017." Organisation for Economic Co-operation and Development. June 2017. www.oecd.org/eco/outlook/economicoutlook.htm.

Global Employment Trends for Youth 2015: Scaling Up Investments in Decent Jobs for Youth. International Labour Organization. 2015. www.ilo.org/wcmsp5/groups/public/---dgreports/---dcomm/---publ/documents/publication/wcms_412015.pdf.

"Global GDP Database." World Economics. www.worldeconomics.com/GrossDomesticProduct/GDPByCountry.aspx.

"Global Infrastructure Investment: Timing Is Everything (and Now Is the Time)." Standard & Poor's Rating Services. January 13, 2015.

"Global Patent Applications Rose to 2.9 Million in 2015 on Strong Growth from China." World Intellectual Property Organization. November 23, 2016. www.wipo.int/pressroom/en/articles/2016/article_0017.html.

"Global Peace Index: 2015." Institute for Economics & Peace. June 2015. economicsandpeace.org/wp-content/uploads/2015/06/Global-Peace-Index-Report-2015_0.pdf.

"Global Pension Asset Study 2015." Willis Towers Watson. February 2015. www.towerswatson.com/en-US/Insights/IC-Types/Survey-Research-Results/2015/02/Global-Pensions-Asset-Study-2015.

"Global Terrorism Index 2016." Institute for Economics and Peace. November 2016. economicsandpeace.org/wp-content/uploads/2016/11/Global-Terrorism-Index-2016.2.pdf.

Global Trends: Forced Displacement in 2014. United Nations High Commissioner for Refugees. 2014. www.unhcr.org/en-us/statistics/country/556725e69/unhcr-global-trends-2014.html.

Global Trends 2025: A Transformed World. National Intelligence Council. November 2008. www.dni.gov/files/documents/Newsroom/Reports%20and%20Pubs/2025_Global_Trends_Final_Report.pdf.

"Global Voter Turnout Declining." Press release. International IDEA. archive.idea.int/press/pr20020419.htm. Accessed October 23,

2017.

Glynn-Burke, Tim. "Inequality Is a Threat to American Democracy. Who Will Ring the Bell?" Challenges to Democracy Public Dialogue Series. Ash Center for Democratic Governance and Innovation, Harvard Kennedy School. December 17, 2013. www.challengestodemocracy.us/home/inequality-is-a-threat-to-american-democracy-who-will-ring-the-bell/#sthash.GVLoihqR.vxzITL9k.dpbs.

Gordon, Robert. "Is U.S. Economic Growth Over? Faltering Innovation Confronts the Six Headwinds." National Bureau of Economic Research. August 2012.

Gould, Elise. "2014 Continues a 35-Year Trend of Broad-Based Wage Stagnation." Economic Policy Institute. February 19, 2015. www.epi.org/publication/ stagnant-wages-in-2014.

"Government Effectiveness Indicator." Millennium Challenge Corporation. www.mcc.gov/who-we-fund/indicator/government-effectiveness-indicator. Accessed March 4, 2017.

Graham, Carol. "Unhappiness in America." RealClear Politics, May 27, 2016. www.realclearpolitics.com/articles/2016/05/27/unhappiness_in_america_130669.html.

Greenberg, Jon. "47% Say They Lack Ready Cash to Pay a Surprise $400 Bill." *PolitiFact*, June 9, 2015. www.politifact.com/punditfact/statements/2015/jun/09/hunter-schwarz/47-say-they-lack-ready-cash-pay-surprise-400-bill.

Gwartney, James, Robert Lawson, and Joshua Hall. *Economic Freedom of the World: 2015 Annual Report*. Fraser Institute. September 14, 2015. www.fraserinstitute.org/studies/economic-freedom-of-the-world-2015-annual-report.

Haksever, Cengliz, and Barry Render. *Service Management: An Integrated Approach to Supply Chain Management and Operations*.

Upper Saddle River, NJ: FT Press/Pearson Education, 2013.
Hansen, Stefan. "Democracy of the Future—Nothing Less." *Scenario*, May 19, 2011.
Hanushek, Eric A. "Economic Growth in Developing Countries: The Role of Human Capital." *Economics of Education Review* 37 (December 2013): 204–212.
Hardoon, Deborah. "An Economy for the 99%: It's Time to Build a Human Economy That Benefits Everyone, Not Just the Privileged Few." Oxfam International. January 2017. www.oxfam.org/en/research/ wealth-having-it-all-and-wanting-more.
———. "Wealth: Having It All and Wanting More." Oxfam International. January 2015.
Hatzius, Jan, and Kris Dawsey. "Doing the Sums on Productivity Paradox 2.0." *Goldman Sachs US Economics Analyst* 15, no. 30 (July 2015).
Haub, Carl. "How Many People Have Ever Lived on Earth?" Population Reference Bureau. 2011.
Hausman, Jonathan. "Globalization and Emerging Market Portfolios." Presentation delivered at McGill University. February 2015.
Hedrick-Wong, Yuwa. "Economic Development and Productivity: The Crucial Linkage of Inclusive Growth." MasterCard Center. August 12, 2015. mastercardcenter.org/insights/economic-development-productivity-crucial-linkage-inclusive-growth.
Helliwell, John, Richard Layard, and Jeffrey Sachs, eds. *World Happiness Report 2017*. Sustainable Development Solutions Network. 2017. worldhappiness.report/wp-content/uploads/sites/2/2017/03/HR17.pdf.
"How Much Water Does It Take to Grow a Hamburger?" USGS Water Science School. water.usgs.gov/edu/activity-watercontent.html. Accessed March 3, 2017.

"Human Development Index." United Nations. hdr.undp.org/en/composite/HDI. Accessed November 15, 2017.

"Implementing the 2030 Agenda for Sustainable Development." United Nations Research Institute for Social Development. www.unrisd.org/80256B3C005BCCF9%2F%28httpAuxPages%29%2F92AF5072673F924DC125804C0044F396%2F%24file%2FFlagship2016_FullReport.pdf. Accessed July 13, 2017.

"In It Together: Why Less Inequality Benefits All." Organisation for Economic Co-operation and Development (OECD). May 21, 2015.

"In U.S., 67% Dissatisfied with Income, Wealth Distribution." Gallup. January 20, 2014. www.gallup.com/poll/166904/dissatisfied-income-wealth-distribution.aspx.

"Inequality: What Causes It, Why It Matters, What Can Be Done." *Foreign Affairs* (January/February 2016).

"International Property Rights Index 2017." Property Rights Alliance. internationalpropertyrightsindex.org.

"Investing in Britain's Future." Her Majesty's Treasury. June 2013. www.gov.uk/government/publications/investing-in-britains-future.

Isaksson, Anders, Thiam Hee Ng, and Ghislain Robyn. "Productivity in Developing Countries: Trends and Policies." United Nations International Development Organization. 2005.

Johnson, Steven. "China's Robot Army Set to Surge." *Financial Times*, April 8, 2016.

———. "Strongman Leaders More Trusted Than Democrats in Emerging World." *Financial Times*, October 16, 2016.

Kaplan, Steven N., and Joshua Rauh. "It's the Market: The Broad Based Rise in the Return to Top Talent." *Journal of Economic Perspectives* 27, no. 3 (Summer 2013): 35–56.

Keeley, Brian. "The Gap Between the Rich and the Poor." Organization for Economic Cooperation and Development. December 2015. www.keepeek.com/Digital-Asset-Management/oecd/social-issues-migration-health/income-inequality_9789264246010-en.

Kesler, Stephen E. "Mineral Supply and Demand into the 21st Century." USGS Online Publication Paper 9. 2007. pubs.usgs.gov/circ/2007/1294/reports/paper9.pdf.

Kessler, Glenn. "Trump's Claim That the US Pays the 'Lion's Share' for NATO." *Washington Post*, March 30, 2016.

"Key World Energy Statistics." International Energy Agency. 2016. www.iea.org/publications/freepublications/publication/KeyWorld 2016.pdf.

Keynes, John Maynard. "Economic Possibilities for Our Grandchildren." In *Essays in Persuasion*. New York: Harcourt, Brace, 1932.

Kharas, Homi, and Andrew Rogerson. "Horizon 2025 Report." Overseas Development Institute. July 2012.

Kochhar, Rakesh. "Seven-in-Ten People Globally Live on $10 or Less per Day." Pew Research Center. September 23, 2015. www.pewresearch.org/fact-tank/2015/09/23/seven-in-ten-people-globally-live-on-10-or-less-per-day.

Landes, David S. *The Wealth and Poverty of Nations: Why Some Are So Rich and Some So Poor*. New York: Norton, 1998.

Lawson, Greg R. "A Thirty Years' War in the Middle East." *National Interest*, April 16, 2014. nationalinterest.org/feature/thirty-years-war-the-middle-east-10266.

Lee, Joel. "Self Driving Cars Endanger Millions of American Jobs (and That's Okay)." *Make Use Of*, June 19, 2015. www.makeuseof.com/tag/ self-driving-cars-endanger-millions-american-jobs-thats-okay.

"Legacies, Clouds, Uncertainties." International Monetary Fund. October 2014. www.imf.org/external/pubs/ft/weo/2014/02.

Legatum Prosperity Index. Legatum Institute. 2014. www.li.com/

programmes/ prosperity-index.

Lipton, David. "Can Globalization Still Deliver? The Challenge of Convergence in the 21st Century." International Monetary Fund. May 24, 2016. www.imf.org/en/News/Articles/2015/09/28/04/53/sp052416a.

"The Little Green Data Book 2016." World Bank Group. openknowledge.worldbank.org/bitstream/handle/10986/24543/9781464809286.pdf.

"Lobbying Database." Open Secrets. www.opensecrets.org/lobby. Accessed November 14, 2017.

Machin, Stephen, and John Van Reenen. *Changes in Wage Inequality*. Centre for Economic Performance. April 2007. cep.lse.ac.uk/pubs/download/special/cepsp18.pdf.

MacMillan, Margaret. *The War That Ended Peace: The Road to 1914*. New York: Random House, 2013.

The Maddison-Project. 2013. www.ggdc.net/maddison/maddison-project/home.htm.

Mahbubani, Kishore, and Lawrence H. Summers. "The Fusion of Civilizations: The Case for Global Optimism." *Foreign Affairs* (May/June 2016).

Malter, Jordan. "Why Poor People Still Aren't Voting." CNN Money, August 5, 2015. money.cnn.com/2015/08/05/news/economy/poor-people-voting-rights/index.html.

Malthus, Thomas Robert. "An Essay on the Principle of Population." 1798. www.esp.org/books/malthus/population/malthus.pdf.

Manyika, James, and Charles Roxburgh. "The Great Transformer: The Impact of the Internet on Economic Growth and Prosperity." McKinsey Global Institute. October 2011. www.mckinsey.com/industries/high-tech/our-insights/the-great-transformer.

Manyika, James, Jonathan Woetzel, Richard Dobbs, Jaana Remes, Eric

Labaye, and Andrew Jordan. "Can Long-Term Global Growth Be Saved?" McKinsey Global Institute. January 2015. www.mckinsey.com/ global-themes/employment-and-growth/can-long-term-global-growth-be-saved.

———. *Global Growth: Can Productivity Save the Day in an Aging World?* McKinsey Global Institute. 2015.

Marcuss, Rosemary D., and Richard Kane. "U.S. National Income and Product Statistics." Bureau of Economic Analysis. February 2007. www.bea.gov/scb/pdf/2007/02%20February/0207_history_article.pdf.

Marshall, Monty G. "Polity IV Project: Political Regime Characteristics and Transitions, 1800–2013." Political Instability Task Force. June 5, 2014. www.systemicpeace.org/polity/polity4x.htm.

McKay, Betsy. "Life Expectancy for White Americans Declines." *Wall Street Journal*, April 20, 2016.

Meadows, Donnella H., Dennis L. Meadows, Jorgen Randers, and William W. Behrens III. "Limits to Growth." Club of Rome. 1972.

Meltzer, Joshua P. "Deepening the United States–Africa Trade and Investment Relationship." Brookings. January 28, 2016. www.brookings.edu/testimonies/ deepening-the-united-states-africa-trade-and-investment-relationship.

"Millennial Disruption Index." Scratch Viacom Media Networks. 2013. www.millennialdisruptionindex.com.

Miller, John W., and William Mauldin. "U.S. Imposes 266% Duty on Some Chinese Steel Imports." *Wall Street Journal*, March 1, 2016.

Milman, Oliver. "Earth Has Lost a Third of Arable Land in Past 40 Years, Scientists Say." *Guardian* (London), December 2, 2015.

Mishel, Lawrence. "The Wedges Between Productivity and Median Compensation Growth." Economic Policy Institute. April 26, 2012. www.epi.org/publication/ib330-productivity-vs-compensation.

M. S. "Mandatory Voting: Want to Make Me?" *Economist*, May 20, 2015.

Murphy, Kevin M., and Robert H. Topel. "Human Capital Investment, Inequality and Economic Growth." National Bureau of Economic Research. January 2016. www.nber.org/papers/w21841.

Murray, Charles. "Trump's America." *Wall Street Journal*, February 12, 2016.

"National New-Type Urbanization Plan (2014–2020)." Mizuho Bank. March 16, 2014.

Natural Resources in 2020, 2030, and 2040: Implications for the United States. National Intelligence Council Report. Chatham House for the National Intelligence Council. May 2015. www.dni.gov/files/documents/NICR% 202013-05%20US%20Nat%20Resources% 202020,%202030%202040.pdf.

Neiman, Brent. "The Global Decline of the Labor Share." *Quarterly Journal of Economics* 129, no. 1 (2014): 61–103.

Nettesheim, Christoph, Lars Faeste, Dinesh Khanna, Bernd Waltermann, and Peter Ullrich. "Transformation in Emerging Markets: From Growth to Competitiveness." Boston Consulting Group. February 4, 2016. www.bcgperspectives.com/content/articles/globalization-growth-transformation-emerging-markets.

Nutting, Rex. "No, 'Truck Driver' Isn't the Most Common Job in Your State." *Market Watch*, February 12, 2015. www.marketwatch.com/story/no- truck-driver-isnt-the-most-common-job-in-your-state-2015-02-12.

O'Connor, Sarah. "UK Productivity Falls by Most Since Financial Crisis." *Financial Times*, April 7, 2016.

"October 2015 Capital Flows to Emerging Markets." Institute of International Finance. October 1, 2015.

"October 2015 Stress from Within: EM Capital Flows Chartbook."

Institute of International Finance. October 15, 2015. www.iif.com/ publication/ capital-flows/october-2015-stress-within-em-capital-flows-chartbook.

"ODNI Releases Global Water Security ICA." Office of the Director of National Intelligence. March 22, 2012. www.dni.gov/index.php/newsroom/ press-releases/press-releases-2012/item/529-odni-releases-global-water-security-ica.

"OECD Better Life Index." Organisation for Economic Co-operation and Development (OECD). www.oecdbetterlifeindex.org. Accessed November 15, 2017.

"OECD Forum 2015: Income Inequality in Figures." Organisation for Economic Co-operation and Development (OECD). www.oecd.org/forum/issues/ oecd-forum-2015-income-inequality-in-figures.htm. Accessed November 15, 2017.

Ortiz, Isabel. *Global Inequality: Beyond the Bottom Billion.* UNICEF. April 2011. www.unicef.org/socialpolicy/files/Global_Inequality.pdf.

Osborne, Hilary. "Rise in Consumer Borrowing Is Fastest Since Pre-crisis Says Bank of England." *Guardian* (London), January 4, 2016.

Panagopoulos, Costas. "The Calculus of Voting in Compulsory Voting Systems." *Political Behavior* 30, no. 4 (December 2008): 455–467.

Pasick, Adam. "Japan Is Rapidly Losing Population—and Half the World Is About to Join It." *Quartz*, January 2, 2014. qz.com/162788/japan-is-rapidly-losing-population-and-half-the-world-is-about-to-join-it.

Patterson, Thom. "Why Does America Have So Many Hungry Kids?" CNN, June 15, 2017. www.cnn.com/2017/06/09/health/champions-for-change-child-hunger-in-america/index.html.

Pescatori, Andrea, Damiano Sandri, and John Simon. "Debt and Growth: Is There a Magic Threshold?" International Mon-

参考文献

etary Fund. February 2014. www.imf.org/en/Publications/WP/Issues/2016/12/31/Debt-and-Growth-Is-There-a-Magic-Threshold-41352.

Pete, Joseph S. "U.S. Steel Starts Layoffs of Up to 323 Workers at Gary Works." *Northwest Indiana Times*, April 24, 2015.

Peters, Ole. "Developing a Time-Based Economic Formalism." Thinking Ahead Institute. November 2, 2015.

PGI Intelligence. "Mongolian Government Under Pressure to Resolve Mining Dispute Before End of Year." pgi-intelligence.com/news/getNewsItem/ Mongolian-government-under-pressure-to-resolve-mining-dispute-before-end-of-year/499. Accessed March 4, 2017.

"PISA 2009 Results: What Students Know and Can Do." Organisation for Economic Co-operation and Development Programme for International Student Assessment. 2009. www.oecd.org/pisa/key findings/pisa2009keyfindings.htm.

"PISA 2012 Results: What Students Know and Can Do." Organisation for Economic Co-operation and Development Programme for International Student Assessment. July 2014. www.oecd.org/pisa/keyfindings/pisa-2012-results.htm.

"Population Projections for Japan (2017)." National Institute of Population and Social Security Research. www.ipss.go.jp/pp-zenkoku/e/zenkoku_e2017/g_images_e/pp29gtso1e.htm. Accessed November 15, 2017.

Porter, Michael E., and Scott Stern, with Michael Green. *Social Progress Index 2017 Findings Report*. Social Progress Imperative. 2017. www.socialprogressindex.com/assets/downloads/resources/en/English-2017-Social-Progress-Index-Findings-Report_embargo-d-until-June-21-2017.pdf.

"The Privileged Few: To Those That Have Shall Be Given." Special

Report: The World Economy. *Economist*, October 3, 2014.
Productivity Brief 2015. The Conference Board. 2015. www.conferenceboard.org/retrievefile.cfm?filename=The-Conference-Board-2015-Productivity-Brief.pdf&type=subsite.
Rajan, Raghuram G. "Has Financial Development Made the World Riskier?" NBER Working Paper No. 11728. National Bureau of Economic Research. November 2005. www.nber.org/papers/w11728.
"Rate of Increase in Indian Population." Medindia. www.medindia.net/patients/calculators/pop_clock.asp. Accessed July 13, 2017.
"Real Wages in Germany: Numerous Years of Decline." DIW Berlin Weekly Report No. 28/2009. German Institute for Economic Research. October 23, 2009. www.diw.de/sixcms/media.php/73/diw_wr_2009 -28.pdf.
Reeves, Aaron, Martin McKee, and David Stuckler. "Economic Suicides in the Great Recession in Europe and North America." *British Journal of Psychiatry* (June 2014).
Reinhart, Carmen M., Vincent R. Reinhart, and Kenneth Rogoff. "Public Debt Overhangs: Advanced Economy Episodes Since 1800." *Journal of Economic Perspectives* 26, no. 3 (Summer 2012): 69–86.
Reinhart, Carmen M., and Kenneth Rogoff. "Errata: Growth in a Time of Debt." *American Economic Review* (May 2013). www.carmenreinhart.com/user_uploads/data/36_data.pdf.
———. "Growth in a Time of Debt." *American Economic Review: Papers & Proceedings* 100, no. 2 (May 2010): 573–578. scholar.harvard.edu/files/rogoff/files/growth_in_time_debt_aer.pdf.
"Reinvention in the Rust Belt." *Economist*, July 2, 2015.
"Report Card on International Cooperation: 2015–2016." Council of Councils: An Initiative of the Council on Foreign Relations. www.

cfr.org/councilofcouncils/reportcard2016/#!. Accessed July 13, 2017.

"Report on the Economic Well-being of US Households in 2013 (Executive Summary)." Federal Reserve. www.federalreserve.gov/econresdata/ 2013-report-economic-well-being-us-households-201407.pdf.

"Report on the Municipal Securities Market." US Securities and Exchange Commission. July 31, 2012.

"Reports, Trends & Statistics." American Trucking Association. www.trucking.org/News_and_Information_Reports_Industry_Data.aspx. Accessed November 14, 2017.

"Results of the 2014 European Elections." European Parliament. 2014. www.europarl.europa.eu/elections2014-results/en/turnout.html.

"Ripe for Rebellion?" *Economist*, November 18, 2013.

Ritholtz, Barry. "Where Have All the Public Companies Gone?" *Bloomberg View*, June 24, 2015.

Roberts, Dexter. "China Wants Its People in the Cities." *Bloomberg*, March 20, 2014.

Rodrik, Dani, ed. *In Search of Prosperity: Analytic Narratives on Economic Growth*. Princeton, NJ: Princeton University Press, 2003.

———. "The Past, Present, and Future of Economic Growth." New York University. June 2013. www.technologyreview.com/s/515926/how-technology-is-destroying-jobs.

Roser, Max. "Life Expectancy." Our World in Data. 2017. ourworldindata.org/ life-expectancy.

Rosling, Hans. "Global Population Growth, Box by Box." TED. June 2010. www.ted.com/talks/hans_rosling_on_global_population_growth.

Rotman, David. "How Technology Is Destroying Jobs." *MIT Tech-*

nology Review (June 2013). www.technologyreview.com/s/515926/how-technology-is-destroying-jobs.

Roxburgh, Charles, et al. "Lions on the Move: The Progress and Potential of African Economies." McKinsey Global Institute. June 2010. www.mckinsey.com/global-themes/middle-east-and-africa/lions-on- the-move.

Ryan, Jennifer. "Robots Can't Replace IT Workers, Doctors, Dentists, Haldane Says." *Bloomberg*, December 16, 2015.

Safi, Michael. "Have Millennials Given Up on Democracy?" *Guardian* (London), March 18, 2016.

Sala-i-Martin, Xavier. "The Disturbing 'Rise' of Global Income Inequality." Working Paper No. 8904. National Bureau of Economic Research. April 2002. www.nber.org/papers/w8904.

Sandbu, Martin. "Free Lunch: Where Has All the Productivity Gone?: Arithmetic and the Golden Age of Growth." *Financial Times*, May 17, 2016.

Schwab, Klaus. *Global Competitiveness Report 2016–2017*. World Economic Forum. 2016. www3.weforum.org/docs/GCR 2016-2017/05FullReport/TheGlobalCompetitivenessReport 2016-2017_FINAL.pdf.

Scott, Robert E. "The Manufacturing Footprint and the Importance of U.S. Manufacturing Jobs." Economic Policy Institute. January 22, 2015. www.epi.org/publication/the-manufacturing-footprint-and-the-importance-of-u-s-manufacturing-jobs.

Scully, Gerald W. *Constitutional Environments and Economic Growth*. Princeton, NJ: Princeton University Press, 2014.

Shorto, Russell. "The Way Greeks Live Now." *New York Times Magazine*, February 13, 2012.

"A Slow-Burning Fuse." *Economist*. June 25, 2009.

"Small and Medium-Sized Enterprises: Local Strength, Global

Reach." Policy Brief. *OECD Observer*, 2000. www.oecd.org/cfe/leed/1918307.pdf.

Spencer, Ben. "No Antibiotics Unless Doctors Run Tests: Superbugs Tsar Urges Crackdown over Fears Infections 'Will Kill More Than Cancer' by 2050." *Daily Mail* (London), May 18, 2016.

"Spring 2013 Survey." Pew Research Center. May 1, 2013. www.pewglobal.org/2013/05/01/spring-2013-survey.

Standing, Guy. "The Precariat and Class Struggle." *Revista Crítica de Ciências Sociais* 103 (May 2014): 9–24.

Stephanopoulos, Nicholas. "A Feasible Roadmap to Compulsory Voting." *Atlantic*, November 2, 2015.

Summers, Lawrence H. "The Age of Secular Stagnation." *Foreign Affairs*, February 15, 2016.

Sumner, Daniel A. "Recent Commodity Price Movements in Historical Perspective." *American Journal of Agricultural Economics* 91, no. 5, (2009): 1250–1256.

Szirmai, Adam. "Is Manufacturing Still the Main Engine of Growth in Developing Countries?" WiderAngle (blog). United Nations University–Wider. May 2009. www.wider.unu.edu/publication/manufacturing-still-main-engine-growth-developing-countries.

Thomas, G. P. "Argentina: Mining, Minerals, and Fuel Resources." *Azomining*, June 7, 2012. www.azomining.com/Article.aspx?ArticleID=21.

Thompson, Derek. "Get Rich, Live Longer: The Ultimate Consequence of Income Inequality." *Atlantic*, April 18, 2014.

Tontrup, Stephan, and Rebecca Morton. "The Value of the Right to Vote." New York University Public Law and Legal Theory Working Papers 536. 2015. lsr.nellco.org/nyu_plltwp/536.

Torday, Peter. "Coffee Price Soars After Brazilian Frost Damage." *Independent* (London), July 2, 1994.

"Trends in International Mathematics and Science Study (TIMSS)." National Center for Education Statistics. nces.ed.gov/timss. Accessed November 15, 2017.

"Trends in Urbanisation and Urban Policies in OECD Countries: What Lessons for China?" Organisation for Economic Co-operation and Development and China Development Research Foundation. 2009–2010. www.oecd.org/urban/roundtable/45159707.pdf.

"2016 Edelman Trust Barometer: Annual Global Study." 2016. www.edelman.com/insights/ intellectual-property/2016-edelman-trust-barometer.

"2016 Index of Economic Freedom." Heritage Foundation. 2016. www.heritage.org/index.

"2017 Social Progress Index." Social Progress Imperative. 2017. www.socialprogressimperative.org/ global-index.

"UBS Wealth Management Research Adjusted Big Mac Index 2014–2015." UBS. 2015. www.ubs.com/microsites/prices-earnings/edition-2015.html.

"Unemployment Statistics." Eurostat: Statistics Explained. October 2, 2017. ec.europa.eu/eurostat/statistics-explained/index.php/Unemployment_statistics.

"Universal Declaration of Human Rights." United Nations. 1948. www.un.org/en/ universal-declaration-human-rights.

"U.S.-China Trade: Eliminating Nonmarket Economy Methodology Would Lower Antidumping Duties for Some Chinese Companies." Government Accountability Office. January 10, 2006. www.gpo.gov/fdsys/pkg/GAOREPORTS-GAO-06-231/html/GAOREPORTS-GAO-06-231.htm.

Van Reenen, John. "Wage, Inequality, Technology and Trade: 21st Century Evidence." *Labour Economics* 18, no. 6 (December 2011): 730–741.

Vina, Gonzalo. "UK Graduates Leave University with More Debt Than US Peers." *Financial Times*, April 28, 2016.

Vlieghe, Gertjan. "Debt, Demographics and the Distribution of Income: New Challenges for Monetary Policy." London School of Economics. January 18, 2016.

"Want to Make Me?" *Economist*, May 20, 2015.

Ward, John. "The Services Sector: How Best to Measure It." International Trade Administration. October 2010. trade.gov/publications/ita-newsletter/1010/services-sector-how-best-to-measure-it.asp.

Welfare Trends Report 2016. Office for Budget Responsibility, United Kingdom. October 2016. budgetresponsibility.org.uk/docs/dlm_uploads/ Welfare-Trends-Report.pdf.

Weller, Chris. "Jeff Bezos Could Be the World's First Trillionaire by 2042." *Business Insider*, July 28, 2017.

Wharton, Knowledge. "Will Common Ground Between the U.S. and China Strengthen Their Bond?" Value Walk, April 2 , 2016. www.valuewalk.com/2016/04/common-ground-u-s-china-vs-war.

"What Dutch Disease Is, and Why It's Bad." *Economist*, November 5, 2014.

"What Is the Impact of Mobile Telephony on GDP Growth?" Deloitte. November 2012.

"What's Gone Wrong with Democracy." *Economist*, February 27, 2014. www.economist.com/node/21596796.

Williamson, John, ed. *Latin American Adjustment: How Much Has Happened?* Institute for International Economics. March 1990.

Wilson, Dominic, and Roopa Purushothaman. "Dreaming with BRICs: The Path to 2050." Global Economics Paper No. 99. Goldman Sachs. October 1, 2003. www.goldmansachs.com/our-thinking/archive/ archive-pdfs/brics-dream.pdf.

Woetzel, Jonathan, Anu Madgavkar, Kweilin Ellingrud, Eric Labaye, Sandrine Devillard, Eric Kutcher, James Manyika, Richard Dobbs, and Mekala Krishnan. "The Power of Parity: How Advancing Women's Equality Can Add $12 Trillion to Global Growth." McKinsey Global Institute. September 2015. www.mckinsey.com/global-themes/employment-and-growth/how-advancing-womens-equality-can-add-12-trillion-to-global-growth.

"Working Time Required to Buy: Who Works Harder to Buy a Big Mac?" UBS. www.ubs.com/microsites/prices-earnings/edition-2015.html. Accessed March 3, 2017.

"World Bank Group President Jim Yong Kim's Speech at George Washington University—The World Bank Group Strategy: A Path to End Poverty." The World Bank. October 1, 2013.

"World Economic Outlook." International Monetary Fund. April 2017. www.imf.org/en/Publications/WEO/Issues/2017/04/04/world-economic-outlook-april-2017.

"World Economic Outlook." International Monetary Fund. April 2016. www.imf.org/external/pubs/ft/weo/2016/01. Accessed March 3, 2017.

"World Economic Outlook: Legacies, Clouds, Uncertainties." International Monetary Fund. October 2014. www.imf.org/en/Publications/WEO/Issues/2016/12/31/World-Economic-Outlook-October-2014-Legacies-Clouds-Uncertainties-41632.

"World Economic Outlook Update: Subdued Demand, Diminished Prospects." International Monetary Fund. January 2016. www.imf.org/external/pubs/ft/weo/2016/update/01.

World Employment Social Outlook: Trends for Youth, 2016. International Labour Organization. 2016. www.ilo.org/wcmsp5/groups/public/---dgreports/---dcomm/---publ/documents/publication/wcms_513739.pdf.

"World GDP." *Economist*, May 20, 2014.

World Population Prospects: The 2015 Revision. Department of Economic and Social Affairs, United Nations. July 29, 2015. www.un.org/en/development/desa/publications/ world-population-prospects-2015-revision.html.

"World Urbanization Prospects." Population Division, Department of Economic and Social Affairs, United Nations. 2014. esa.un.org/unpd/wup.

Worldometers. www.worldometers.info/world-population. Accessed March 4, 2017.

"The World's Biggest Employers [Infographic]." *Forbes* (June 2015).

The World's Cities in 2016: Data Booklet. Population Division, Department of Economic and Social Affairs, United Nations. 2016. www.un.org/en/development/desa/population/publications/pdf/urbanization /the_worlds_cities_in_2016_data_booklet.pdf.

Zhu, Xiaodong. "Understanding China's Growth: Past, Present, and Future." *Journal of Economic Perspectives* 26, no. 4 (Fall 2012): 103–124.

Zingales, Luigi. "Capitalism After the Crisis." *National Affairs* (Fall 2009). nationalaffairs.com/publications/detail/capitalism-after-the-crisis.

———. "What Future for Capitalism?" Presentation. March 2010.